MIXTE
Papier issu de sources responsables
FSC® C120704
www.fsc.org

Conception et réalisation graphique : Caroline Gioux

Illustrations : Shutterstock

HarperCollins France
83-85 boulevard Vincent-Auriol,
75646 Paris Cedex 13
Tél. : 01 42 16 63 63
www.harpercollins.fr

ISBN 978-2-2804-6729-2

Achevé d'imprimer sur les presses d'Unigraf
en décembre 2021, dépôt légal dans le mois suivant la parution.

SHANA LYÈS

AM(e)OUR

When I look in the mirror I feel speechless
Only see my flaws and all my weaknesses
I judge myself under the harshest light
Why can't I find a way to treat me right?
Nice to myself
Fight for myself
Do what's right for myself
Put me before anyone else
(...)
I'm gonna be nice to myself

« Quand je me regarde dans le miroir, je suis sans voix
Je ne vois que mes défauts et mes faiblesses
Je me juge sous la lumière la plus dure
Pourquoi est-ce que je ne trouve aucun moyen de me traiter correctement ?
Être douce avec moi-même
Me battre pour moi-même
Faire ce qui est bon pour moi-même
Me faire passer devant n'importe qui d'autre
(...)
Je vais être douce avec moi-même »

NICE, ELOHIM

Il n'y a pas de corps
plus prêt à recevoir
ton âme que celui
qui te porte
quotidiennement.

Sommaire

Bienvenue, chère étoile !

Oui, ce livre te parle d'amour.
Mais pas de n'importe quel amour. Il parle d'un amour qui ne se limite pas au corps ni au cœur, il parle de l'amour qui commence par « Âme » et qui finit par « *Our* » (« nous », en anglais). À travers ces pages, j'ai tenu à aborder des thématiques telles que le développement personnel, la confiance en soi, la bienveillance, l'expansion personnelle, le dialogue avec soi-même et l'autre, la sexualité, mais aussi la construction d'un couple harmonieux et sain, en partageant avec toi tous les outils que j'ai pu découvrir au cours de mon voyage dans le monde du bien-être, de la spiritualité et de l'ésotérisme. Tu retrouveras de nombreux « rituels », c'est-à-dire des exercices qui t'aideront à vivre chaque étape de ce cheminement en pleine conscience, tout en t'apportant une vision différente de l'amour et des réflexions sur tes projets/souhaits actuels ; à la fin du livre, un journal de bord te permet de prendre des notes au fil de ta lecture.

Ce livre me tient tout particulièrement à cœur, car c'est le type d'ouvrage que j'aurais aimé avoir en main beaucoup plus tôt dans ma vie. Lorsque je ne parvenais pas à m'aimer ni à me faire aimer des autres – car j'avais tout simplement peur de me dévoiler telle que je suis réellement. Si, aujourd'hui, je suis capable de scander partout dans la Galaxie que je suis une « véritable amoureuse de l'amour », cela n'a pas toujours été le cas ! Au contraire, j'étais persuadée d'être maudite par Cupidon et je rejetais tout ce qui touchait de près ou de loin au concept de « l'amour ».

J'aurais aimé comprendre plus tôt que, en réalité, l'amour véritable se décline sous diverses formes, peut s'envisager sous différents angles et qu'il existe tout un tas de manières d'être amoureux·se : de soi, des autres et de la vie en elle-même. C'est pourquoi ce livre est aussi pour moi un clin d'œil à la petite moi d'il y a vingt ans, qui a dû batailler seule contre ses démons intérieurs, traverser moult blessures familiales et partir en quête d'outils de développement personnel pour parvenir à s'aimer, à être douce avec elle-même, et à faire jaillir d'elle l'amour le plus rayonnant qui soit pour (enfin) réussir à le partager avec d'autres.

C'est pour cette raison que j'ai écrit ce guide : pour accompagner toutes les belles âmes qui le souhaitent sur le chemin de l'amour et partager avec elles ce que j'ai appris. J'espère qu'il te permettra de traverser tes propres turbulences émotionnelles avec beaucoup de gentillesse et de bienveillance envers toi-même, ainsi qu'envers ceux et celles qui croiseront ta route.

J'espère aussi qu'il t'apprendra à voir les diverses formes que prend l'amour dans ton quotidien et qu'il te permettra d'honorer et de célébrer la beauté de ton corps, ton cœur et ton âme. Car, sans eux, l'amour n'existerait pas !

Bien évidemment, ce livre s'adresse autant aux étoiles qui sont solo, en relation libre, en couple (depuis longtemps ou pas) qu'à celles qui viennent de vivre un événement brutal comme la rupture.

Maintenant que ce livre est entre tes mains, il ne tient qu'à toi de t'approprier ou de redécouvrir chacun des outils que je mets à ta disposition afin de remplir ta vie d'un amour sans limites ! Tu le mérites.

Douce lecture à toi,

SHANA,
ton astro-coach
bien-aimée

POÈME ASTRAL

Jour après jour, ce corps danse, me porte
et me fait soulever des montagnes
Pourtant, pendant des années, je l'ai haï avec hargne
Alors que, jour après jour, ce corps me permet
de me connecter à autrui
Via le rire et les plaisirs de la vie
Hélas, parfois je l'oublie et le cache sous
une forteresse d'habits
En omettant qu'en réalité, mon temple, c'est bel et bien lui
Car ce corps est le royaume divin de mon âme

L'AMOUR du Corps

Belle étoile, si tu ne le savais pas encore, sache que, toi qui lis ces lignes, tu es un être de lumière incarné dans un corps fait de chair. C'est ton âme elle-même qui a choisi de descendre sur la Terre à un moment précis ; elle a même déterminé le jour, l'heure et le lieu de ta naissance, pour vivre de fabuleuses aventures.

Cette vie, c'est le rêve le plus profond et intime de ton âme. Tu n'es pas sur Terre pour atteindre mille et un objectifs dictés par la société. Tu es ici pour cumuler des expériences de vie ; parfois heureuses et confortables, d'autres fois désagréables voire douloureuses. Garde en tête que chacune de ces expériences est juste et correcte pour toi, même si tu peux avoir l'impression que rien ne va, que tu perds le contrôle ou encore que ton corps n'est pas le bon pour toi car il n'est pas exactement comme tu l'aurais souhaité… Rappelle-toi que c'est faux, que c'est ton ego qui te mène par le bout du nez.

Parce que tu es bel et bien à ta place dans cette vie, dans cette famille, dans cette ville, dans ce corps… Tu as simplement oublié qui tu étais avant de redescendre sur Terre. Et c'est normal, car, si tu connaissais de A à Z le beau projet que ton âme a pour toi, cette vie ne te permettrait pas autant de grandir pour devenir pleinement toi-même ! Car c'est à travers tes plus grands échecs, tes plus grandes crises de larmes, mais aussi tes plus grands succès et tes plus beaux moments de joie que tu (ré)apprends à incarner qui tu es – et de la meilleure des manières –, que tu évolues et t'améliores, au quotidien.

Chaque jour, lorsque tu te lèves avec le Soleil, la vie t'offre une nouvelle occasion de te transformer et de grandir en tant qu'âme. Tout ce que tu vis et tout ce que tu as vécu a un sens. Même lorsque tu as l'impression que ce n'est pas le cas. Même lorsque tu as l'impression que tu vas à contre-courant. Oui, il est possible que tu t'égares, que tu aies peur, que tu faiblisses… Mais si tu es là, aujourd'hui, devant ce livre, c'est la preuve que tu as en toi la force nécessaire pour te relever.

Cette force te vient notamment de ton corps, cet écrin fait de chair qui accueille ton âme dans ce monde de matière. Un corps parfait, à l'image de ton âme, et puissant ; aussi puissant et fort que les marées, que la lave en fusion et que les ouragans. Chaque jour, des millions de cellules de ton corps s'autodétruisent pour créer l'espace nécessaire à de nouvelles cellules, plus en phase avec tes besoins. Chaque jour, tu prends des décisions, tu fais une multitude de choix, même s'ils te paraissent minuscules et anodins, pour te créer une vie bien plus alignée avec ton for intérieur. Alors, quand tu te rends compte que tu essaies de contrôler le temps, tout ce qui t'entoure mais aussi le corps qui est le tien, accepte de lâcher prise. Car même si, en spiritualité, on part du principe que tu te réincarnes à diverses reprises… retiens bien que tu n'auras qu'une vie dans ton corps actuel !

Honore-le, envoie-lui de la gratitude et serre-le dans tes bras : c'est ton plus fidèle allié, celui qui sera toujours là pour toi.

Et pour débuter ce beau chemin de (re)connexion à ton corps, je te propose de commencer par lui adresser ce message, à voix haute :

« CHER CORPS, MERCI D'ÊTRE LE TEMPLE DIVIN QUI ACCUEILLE QUOTIDIENNEMENT MON ÂME.

MERCI DE ME PERMETTRE DE VIVRE ET D'EXPÉRIMENTER LA MATIÈRE.

MERCI D'ÊTRE TEL QUE TU ES.

TU ES SUFFISANT, BEAU ET FORT.

DÈS AUJOURD'HUI, JE TE CHÉRIRAI DAVANTAGE. »

LE ZODIAQUE, LA BOUSSOLE QUI GUIDE TON ÂME DANS SON INCARNATION PHYSIQUE

Avant d'entrer dans la matière astrale à proprement parler, voici un petit rappel des principales définitions à connaître pour te repérer dans cette discipline.

ASTROLOGIE : discipline spirituelle, basée sur le langage des astres et la culture populaire, qui permet de partir à l'exploration de soi, de sa psychologie, ou même de poser des mots sur les événements que l'on traverse et les émotions qui en découlent pour mieux comprendre son parcours personnel.

HOROSCOPE : prévisions basées sur le ciel du jour, en fonction du signe astrologique (solaire) d'une personne. Les autres indicateurs du thème individuel (planètes, maisons, placements) sont laissés de côté pour permettre une compréhension simplifiée, et plus globale, de la pratique de l'astrologie.

ROUE DU ZODIAQUE : disque de 360 degrés divisé en 12 énergies zodiacales distinctes, chacune incarnée par un signe du zodiaque. Ces énergies sont toutes présentes en nous, mais à divers degrés selon les placements des planètes et des maisons sur le thème natal.

CARTE DU CIEL DE NAISSANCE (THÈME NATAL) : également appelée « map astrale », « thème astral » ou encore « charte natale », il s'agit d'une photo du ciel prise au moment où une âme s'incarne sur Terre, soit la naissance d'un individu. La position des différents astres (Soleil, Lune, Vénus, astéroïdes, etc.) dans le ciel apporte des clés de compréhension sur la construction de la personnalité d'un être humain au fil des années et de son évolution personnelle.

NB : Pour voir dans quel signe se situent les divers éléments cités ci-dessous, je te conseille de renseigner tes coordonnées de naissance (jour, heure et lieu) sur le site Astrotheme.fr dans l'onglet « Ascendant et Thème Astral » pour visualiser ta carte du ciel.

TON SIGNE SOLAIRE, ou signe astrologique, correspond au placement du Soleil dans ta carte du ciel et est généralement le premier indicateur astrologique que tu connais – d'ailleurs, beaucoup de personnes pensent encore que l'astrologie se réduit à lui ! Il fait partie intégrante de qui tu es et de la manière dont tu te perçois, tout simplement parce que le Soleil est l'astre qui représente ton essence de vie, ta vitalité, ce pourquoi tu te lèves chaque matin et décides de prendre telle ou telle décision. Mais il est loin d'être l'unique créateur de ton monde intérieur, de ton minicosmos, qui est extrêmement vaste, complexe et... unique.

Le deuxième point à prendre en compte est **TON SIGNE ASCENDANT (AC)**, défini par ton heure de naissance. Point précis dans le ciel qui représente « l'orient », c'est-à-dire là où se soleil se lève – l'horizon oriental –, il s'appelle « ascendant » car il prend davantage de place au sein de ta personnalité au fil du temps qui passe et il construit ta face sociale et ton apparence physique. Il s'affirme en devenant ton nouvel horizon, pas à pas.

Le troisième point marque quant à lui ton tempérament et la compréhension de ton inconscient, mais aussi tes émotions au quotidien : c'est **TON SIGNE LUNAIRE.** En effet, la position de la Lune dans ton ciel de naissance vient donner de précieuses indications sur ton intimité, tes besoins, ta manière d'extérioriser tes affects et la partie de toi qui est profondément innée. D'ailleurs, en astrologie karmique, on part du principe que la Lune représente l'âme qui s'est incarnée au moment de la naissance, avant toute interaction et modification liées à l'environnement.

Le quatrième point à étudier est le signe opposé à ton signe ascendant : **LE SIGNE DESCENDANT (DC)**. C'est l'horizon occidental, celui où le Soleil se couche pour faire taire l'ego et laisser la place à l'autre. Ce signe montre ce que tu recherches chez les autres pour une association sur le long terme, un partenariat, une relation professionnelle ou amoureuse durable. Il dévoile ce que tu es prêt·e à apporter à l'autre, mais également ta manière de composer avec l'autre, voire de négocier, pour que la relation se déroule de la meilleure des manières.

Le cinquième point à prendre en considération est **LE FOND DE CIEL (FC)** : il indique tes origines, ton appartenance à une patrie, à une famille et comment tu construis ton foyer, ainsi que ton intimité. C'est le point « nord » de ton thème, là où le Soleil n'est pas visible car c'est le territoire le plus secret et profond de ton âme.

Le sixième point principal de la boussole zodiacale est **LE MILIEU DE CIEL (MC),** qui correspond au signe où ton Soleil est au plus haut, à son maximum, dans son plein potentiel. C'est le zénith, le « sud ». Ce n'est pas pour rien que ce point de ton ciel de naissance représente ta carrière, le milieu socioprofessionnel dans lequel tu peux briller et rayonner – et de quelle manière.

Enfin, les autres astres présents sur ta carte du ciel viennent éclairer la construction de ta personnalité sur un plan plus pratique. Les planètes apportent des indications sur ta personnalité, et les astéroïdes aident à identifier les blessures de ton âme et ce que tu as à traverser durant cette vie.

Pense-bête

THÈME ASTRAL

☉ **LE SOLEIL** parle de qui tu es, de ton for intérieur

AC **L'ASCENDANT** symbolise ton apparence et ton identité sociale

☽ **LA LUNE** dévoile tes émotions et ton cœur

☿ **MERCURE** montre comment tu réfléchis

♀ **VÉNUS** exprime ton affection et tes sentiments

♂ **MARS** évoque ta volonté, tes (ré)actions et tes désirs

♃ **JUPITER** représente ta chance et ton expansion

♄ **SATURNE** parle de tes responsabilités et de ta discipline quotidienne

♅ **URANUS** incarne ton originalité et ton indépendance

♆ **NEPTUNE** reflète ton imagination et tes croyances

♇ **PLUTON** exprime ton potentiel transformateur et ta résilience

MC **LE MILIEU DE CIEL** rend compte de ta carrière professionnelle et de ta réputation

DC **LE DESCENDANT** caractérise ton idéal dans une relation avec autrui

FC **LE FOND DE CIEL** parle de ton éducation et de tes liens familiaux

⚷ **CHIRON** révèle ta capacité de guérison

⚸ **LILITH** incarne ta part sombre et tes émotions cachées

⚵ **JUNON** symbolise ton engagement et l'union durable

⚴ **PALLAS** montre comment tu utilises ton potentiel

⚳ **CÉRÈS** indique ce qui te nourrit intérieurement et tes possibles sacrifices

⊗ **LA PART DE FORTUNE** parle de ta chance et de ton bonheur

Vx **VERTEX** dévoile ton karma et les coups du destin

⚶ **VESTA** active ton sentiment de dévouement

☋ **LE NŒUD SUD** incarne l'énergie de ta(tes) vie(s) antérieure(s)

☊ **LE NŒUD NORD** montre ton évolution sur ton chemin de vie

Mon Soleil,

MON ESSENCE VITALE, MON PREMIER RAPPORT AU CORPS

Si tu es né·e sous l'énergie d'un signe astrologique particulier, ce n'est pas par hasard. Cela t'indique que c'est l'énergie associée à ce signe que tu dois mobiliser pour marcher fièrement vers ton projet d'âme. Ainsi, tu es invité·e à apprendre comment canaliser, maîtriser et dompter les parts les plus lumineuses, mais également les parts les plus sombres de ce signe dit « solaire ».

NB : Que tu sois né·e prématurément, ou après terme, à l'issue d'une césarienne ou dans d'autres circonstances particulières, ne fausse pas l'énergie de ton signe astrologique. Car c'est ton âme qui a comploté avec l'Univers pour que tu atterrisses sur Terre de la façon précise dont tu es né·e.

En fonction de ton signe astrologique, tes objectifs de vie et tes préoccupations quotidiennes vont varier.

Soleil en Bélier : véritable guerrier·ère, tu es sur cette planète pour apprendre à expérimenter la matière et découvrir toutes les aventures de la vie comme si c'était la première fois. Tout ce que tu vis est empreint de candeur. Tu as, en toi, une flamme vive et intense qui te pousse à te surpasser quotidiennement et à prendre des risques pour tester tes limites (mais aussi celles des autres et de l'environnement qui t'entoure) et ainsi apprendre de tes erreurs et te relever à chaque fois.

Comment tu perçois ton corps : ton corps est une forteresse qui représente ta puissance et ta force mentale. Tu as besoin qu'il te porte, te soulève et reflète ton tempérament de feu.
Les organes et les parties du corps reliés à ton Soleil : les muscles, le sang, la tête et la mâchoire.

Soleil en Taureau : véritable épicurien·ne, tu es ici pour t'ancrer dans la matière, t'enraciner et vivre chaque expérience à travers les cinq sens offerts par ton enveloppe charnelle. Tu as un cœur énorme qui aspire à la paix, à la sérénité et à l'amour. Tu es ici pour honorer ton corps, faire preuve de volupté et de sensualité, pour goûter aux plaisirs et partager l'abondance avec qui voudra s'asseoir à table avec toi.
Comment tu perçois ton corps : ton corps est un réceptacle qui te permet de profiter pleinement de tes cinq sens. Il te rend humain·e en t'ancrant dans la matière et te permet d'expérimenter une multitude de belles aventures sensorielles.
Les organes et les parties du corps reliés à ton Soleil : le cou, la gorge, la mâchoire et les cervicales.

Soleil en Gémeaux : véritable communicant·e, tu es une âme curieuse, vive, drôle et surprenante qui souhaite multiplier les expériences de vie et se connecter à un maximum d'êtres humains sur Terre. Tu as la bougeotte et la sensation que tu n'auras jamais assez d'une vie pour tout apprendre et tout intégrer au fond de toi. Rassure-toi : il y aura bien d'autres voyages après cette vie, alors apprends à te libérer de ton brouhaha mental et profite !
Comment tu perçois ton corps : ton corps est le moyen par lequel tu parviens à te connecter aux autres. Tu es très tactile et tu as besoin de sentir ton environnement pour t'ancrer.
Les organes et les parties du corps reliés à ton Soleil : les poumons, les côtes, le système nerveux, les bras et les mains.

Soleil en Cancer : véritable nourricier·ère, tu es là pour rappeler à chacun·e que nous faisons tou·te·s partie d'une grande famille d'âmes et qu'il ne tient qu'à nous de nous (re)connecter à ces personnes chères. Ton rapport à la matière se fait via les émotions, la culture, et tu as un fort attrait pour l'histoire (collective et personnelle) des êtres humains. Tu vis pour te rappeler que l'humanité est une grande famille.

Comment tu perçois ton corps : ton corps est un écrin voluptueux qui, associé à ta puissante intuition, te permet de ressentir, d'éprouver et d'absorber les émotions.

Les organes et les parties du corps reliés à ton Soleil : le ventre (dont l'utérus pour les femmes), les seins (le torse pour les hommes), l'estomac et l'œsophage.

Soleil en Lion : véritable fédérateur·rice, c'est grâce à ton aura solaire que tu guides les autres et révèles le potentiel en chacun·e. Dans cette incarnation, tu dois veiller à rééquilibrer en priorité ton ego mais, à terme, tu es le parfait exemple de la confiance en soi et de la fierté à cultiver au quotidien. Pour aimer les autres, il faut tout d'abord apprendre à s'aimer soi : c'est le mantra que tu souhaites partager au-delà des frontières.

Comment tu perçois ton corps : ton corps est une œuvre d'art dont tu prends grand soin, comme si c'était la création la plus précieuse qui existe sur Terre. Tu sais pertinemment que tu n'en as qu'un et que c'est lui qui te permet de réaliser tes actions au quotidien.

Les organes et les parties du corps reliés à ton Soleil : le cœur, le pancréas et la colonne vertébrale.

Soleil en Vierge : véritable guérisseur·se, ton intelligence et ton regard aiguisé permettent aux autres de se sentir en sécurité, soutenu·e·s et écouté·e·s en temps voulu. Tu es là pour veiller à ce que les expériences de chacun·e se déroulent au mieux et sans encombre. Ton défi principal est d'apprendre à utiliser ton raisonnement et ta

sagesse pour garder la tête froide et rester précis·e dans ta manière d'appréhender les situations, même lors des périodes les plus incertaines.
Comment tu perçois ton corps : ton corps est un spécimen que tu observes avec la précision d'un microscope. Il te permet de mieux comprendre la nature humaine et la notion de « perfection » qui n'est que le reflet de ta parfaite et divine imperfection.
Les organes et les parties du corps reliés à ton Soleil : les intestins, le système digestif et la rate.

Soleil en Balance : véritable médiateur·rice, tes mots, ton sens de la justice et ton éthique permettent de créer du lien entre tou·te·s. Sans toi, il y aurait des conflits à tout-va, car tu as le don d'apaiser les tensions et de faire preuve de bienveillance, même envers les personnalités les plus extrêmes. La vie est pour toi une quête d'équilibre et d'harmonie. Tu recherches la paix absolue.
Comment tu perçois ton corps : ton corps est une toile blanche que tu agrémentes de couleurs, de tissus, de textures et de maquillage selon ton humeur du jour et tes envies personnelles. Il te sert de support pour communiquer ta richesse intérieure auprès du monde extérieur.
Les organes et les parties du corps reliés à ton Soleil : les reins, les vertèbres lombaires, la vessie et la peau.

Soleil en Scorpion : véritable passionné·e, tu es constitué·e d'une eau bouillonnante, qui te pousse à vivre chaque événement de ta vie comme si c'était le dernier. Tu es sur Terre pour vivre intensément et fusionner avec la matière. Solidement armé·e pour survivre aux montagnes russes dans lesquelles tu as embarqué depuis ta naissance, tu sais renaître de tes cendres comme personne d'autre. Ton but principal est de guérir de tes blessures les plus profondes.
Comment tu perçois ton corps : ton corps est une arme de séduction qui te guide vers les plaisirs charnels, mais il représente également une porte ouverte

vers les plus vives passions. Il te permet de ressentir avec intensité tout ce que tu touches et ce qui t'entoure.
Les organes et les parties du corps reliés à ton Soleil : les organes génitaux, le gros intestin et le rectum.

Soleil en Sagittaire : véritable philosophe, tu es celui·celle qui vient accumuler les apprentissages de la vie pour dépasser tes a priori et surpasser l'ouverture d'esprit des sages de ce monde. Tu rêves de parcourir les vastes paysages qu'offre la Terre-Mère, de trouver la vérité et de réussir à faire le lien entre toutes les cultures qui existent.
Comment tu perçois ton corps : ton corps est un véhicule qui te permet de voyager d'un pays à l'autre mais aussi de mener une profonde introspection, lorsque tu juges cela nécessaire.
Les organes et les parties du corps reliés à ton Soleil : les hanches, les cuisses et le foie.

Soleil en Capricorne : véritable bâtisseur·se, tu construis des fondations solides au fond de toi, mais aussi à l'extérieur. Tu es le roc, le maillon fort, le pilier de toute la structure. Tu es celui·celle qui permet au monde de rester en place malgré les secousses. Mais tu es également ici pour prouver que tu peux devenir ta propre autorité, être indépendant·e et cultiver ta rationalité à juste dose.
Comment tu perçois ton corps : ton corps est un empire que tu construis au quotidien. Il te sert à atteindre les hauts objectifs que tu te fixes et te permet de mener à bien tous tes projets.
Les organes et les parties du corps reliés à ton Soleil : les genoux, les jambes et les os.

Soleil en Verseau : véritable idéaliste, ton but est de créer un monde meilleur, d'apporter des idées nouvelles, une vision moderne et avant-gardiste de la société. Toujours à l'affût des changements à mettre en place et des ajustements à faire pour le bien de tou·te·s,

tu cherches à comprendre l'essence de l'expression « Ma liberté s'arrête là où commence celle d'autrui ».
Comment tu perçois ton corps : ton corps est un objet non identifié auquel tu essaies de t'acclimater, jour après jour. Pour mieux te connecter avec ce vaisseau charnel, tu as besoin de le considérer comme un outil qui t'aide à créer.
Les organes et les parties du corps reliés à ton Soleil : les chevilles et le système cardio-vasculaire.

Soleil en Poissons : véritable rêveur·se, tu viens enchanter le quotidien des autres avec ta douceur de vivre, ton côté artiste et ta spiritualité développée. Ton objectif principal est de tisser un lien entre l'invisible et le visible. Tu as cette intime conviction que tout dans ce monde provient de la même source, que tout est relié, et tu comptes bien le démontrer à travers tes multiples aventures au sein de cette vie.
Comment tu perçois ton corps : selon ton humeur du jour et tes rêves de la nuit, tu envisages ton corps avec la fantaisie d'un·e enfant espiègle ou les fantasmes d'un·e adulte ! Tu en prends soin pour que ton âme s'y sente comme chez elle.
Les organes et les parties du corps reliés à ton Soleil : les pieds et le système lymphatique.

Hotline astrale

Je ne me reconnais pas dans mon signe astrologique, c'est normal ?

1 CELA PEUT ÊTRE À CAUSE DE LA VISION BIAISÉE QUE TU AS DE TON SIGNE ASTROLOGIQUE.

On oublie les caricatures, les raccourcis et les préjugés ! Non, les Lion ne sont pas tous égocentriques, les Cancer ne sont pas fragiles sur le plan émotionnel... Chaque énergie a ses forces et ses faiblesses.

2 TON SIGNE ASCENDANT PREND LE DESSUS SUR TON SIGNE ASTROLOGIQUE.

L'ascendant est un point essentiel de ton thème mais, attention, il ne prend pas automatiquement le « dessus » sur la personnalité à l'âge de quarante ans : cela peut se faire avant ou après, voire jamais... Tout dépend de ta carte du ciel.

3 UN AUTRE SIGNE DE TA ROUE DU ZODIAQUE DOMINE FORTEMENT DANS TA PERSONNALITÉ.

Si tu as trois placements de planètes (ou plus) dans un autre signe et/ou un maître d'ascendant* qui colore fortement ton tempérament, il peut dominer ta personnalité : tu te reconnaîtras alors davantage dans les caractéristiques de ce signe.

---

* Le maître d'ascendant est la planète dite « maîtresse » du signe ascendant. En d'autres termes, c'est la planète fondamentalement liée à l'énergie de ce signe astrologique. (Par exemple : le maître du Bélier est Mars, le maître du Taureau est Vénus, etc.)

Le mot de Shana

Parfois, il est tout simplement difficile d'accepter d'être mis sous une « étiquette » ou de devoir faire face à certaines insécurités. Cela peut rouvrir des blessures liées à ta confiance en toi mais sache que l'astrologie est là pour t'aider à prendre conscience de tes blessures et de tes forces : c'est un outil de compréhension de soi avant toute chose !

Soleil évolué vs Soleil non évolué :

FAIRE RAYONNER TON ÉTINCELLE UNIQUE

En astrologie, on parle d'énergie à « basse fréquence » et d'énergie à « haute fréquence » pour représenter le cheminement personnel d'une âme vers son « Soi Supérieur », c'est-à-dire la version la plus lumineuse et authentique d'elle-même. On dira, quand une personne explore les nombreuses parts d'ombre de son signe astrologique, qu'elle est dans la forme « non évoluée » de son signe. Lorsqu'elle est capable d'utiliser à bon escient son énergie et d'en faire ressortir tout le positif, on parlera de forme « évoluée ». Cette énergie personnelle (et solaire) peut toujours être travaillée, et cela tout au long de ta vie.

COMMENT SAVOIR SI JE DOIS TRAVAILLER L'ÉNERGIE DE MON SOLEIL POUR LA FAIRE RAYONNER ?

- Tu te sens fatigué·e, sans force, tu manques de motivation
- Tu as le sentiment de ne pas être reconnu·e pour qui tu es vraiment
- Tu as la sensation de ne pas être à ta place (syndrome de l'imposteur, manque de confiance en soi, etc.)
- Tu as des difficultés à exprimer ta créativité et tes idées
- Tu penses que tu ne mérites pas d'être reconnu·e dans l'un ou l'autre domaine

COMMENT BOOSTER L'ÉNERGIE DE MON SOLEIL ?

- Cultive la gratitude au quotidien, en remerciant l'Univers pour les petites choses que tu es ravi·e d'avoir (par exemple : une bonne santé, des amis, un toit au-dessus de ta tête…)
- Fais chaque jour des listes d'affirmations positives (par exemple : je mérite de prendre davantage ma place au travail, je mérite de recevoir de l'amour et des compliments, j'accepte les jours « sans » et j'accueille à bras ouverts les jours « avec »…)
- Porte sur toi une pierre associée à l'énergie de ton signe astrologique*
- Lance-toi des défis hebdomadaires et félicite-toi après (que tu aies atteint ton objectif ou pas)
- Fais une liste de ce que tu aimes chez toi et agrémente-la d'éléments concrets (par exemple : je m'aime parce que je suis honnête, je dis toujours tout haut ce que je pense,

---

* Voir pages suivantes sur les chakras.

avec délicatesse, et même si ce n'est pas ce qu'on attend de moi)

COMMENT L'ASTROLOGIE PEUT-ELLE M'AIDER À ME (RE)CONNECTER À MON CORPS ?

- Développe le pouvoir de Vénus sur ton thème (en fonction du signe où cette planète se situe sur ton thème) car c'est la planète de la beauté, de l'amour et du rapport au corps
- Observe les placements de Lilith et de Chiron, qui représentent tes blessures émotionnelles selon les signes et les maisons dans lesquels ils se situent*
- Fais tomber les masques, passe du temps seul·e devant ton miroir, observe ton corps et complimente-le, pas uniquement pour son apparence mais aussi pour les bienfaits qu'il t'apporte et pour tout ce qu'il te permet de faire

N'hésite jamais à suivre une master class sur le développement personnel ou à t'adresser à des thérapeutes si tu sens que tu es largué·e et que tu as besoin d'être accompagné·e pour développer ton *self love* !

* Ces placements sont expliqués en détail dans la partie 2 de cet ouvrage.

LE THÈME ASTRAL SELON LE CORPS HUMAIN

Chaque planète du thème astral peut être associée à une partie du corps humain en fonction de sa signification et de son interprétation.

- **LE SOLEIL** se place au niveau du nombril : il incarne l'ego et la fierté d'un individu. Relié au chakra du plexus solaire, il représente ce que l'on dégage dans nos interactions avec les autres, l'aura qu'on peut diffuser en entrant dans une pièce ou en prenant part à une discussion de groupe.

- **L'ASCENDANT** dessine ton visage. C'est à la fois la face sociale que tu arbores auprès des autres, mais aussi une grande part de ton apparence physique et parfois même la vision que tu as de toi-même.

- **LA LUNE** va de pair avec ton cœur. Elle représente tes émotions, ton intimité, ce qui se cache réellement sous tous tes masques et ta solide carapace. Elle vient parler de ton toi authentique et profond, de qui tu es vraiment, sans faux-semblants. Elle vibre au même rythme que les battements de ton cœur et suit sa course effrénée.

- **MERCURE** est positionnée à la base de ta glotte, tout près de tes cordes vocales, car c'est la planète de la communication. Elle t'aide à prendre la parole, à discuter avec les autres, à affirmer tes idées et à les traduire de manière audible et compréhensible. Cet astre est également lié à ta faculté d'écrire, d'utiliser les nouvelles technologies et d'apprendre, voire d'intellectualiser des concepts.

- **VÉNUS** se trouve au niveau du pubis et fait le lien entre tes sentiments et tes ressentis. C'est en quelque sorte la porte qui relie ton cœur à tes organes génitaux. En effet, si Mars parle de tes pulsions, Vénus vient indiquer quel type de personne peut t'attirer et éveiller ton désir à un niveau plus charnel.

- **MARS** est au niveau des quadriceps, les muscles les plus puissants de ton corps, que tu sollicites quotidiennement. Ils te servent à courir, à grimper, à sauter et à repousser le sol sous tes pieds. Bref, ce sont eux qui t'aident à passer à l'action, tout comme Mars, l'astre de la combativité et de la guerre. C'est une force immense que tu possèdes en toi.

- **JUPITER** se situe dans les paumes des mains. Cet astre, qui est le plus grand de notre système solaire, représente la générosité, et ce n'est pas par hasard que l'expression « avoir le cœur sur la main » existe. On pourrait plutôt dire « avoir Jupiter sur la main » pour évoquer les personnes qui donnent sans compter, parfois même à l'excès. Cette planète représente aussi les occasions à saisir, en tendant la main, et la « chance » qu'on peut récolter sur son chemin de vie.

- **SATURNE** se situe au niveau de ton foie, cet organe qui travaille 24 heures sur 24 pour accomplir pas moins de 500 fonctions par jour, parmi lesquelles la filtration et le nettoyage du sang ainsi que la transformation et le stockage des substances absorbées par le système digestif. En tant que grand « responsable » du zodiaque, Saturne vient t'aider à prendre tes responsabilités et à respecter ton éthique : il est celui qui vient te murmurer d'être raisonnable, de faire ton devoir… et de ne pas boire un verre de trop.

- **URANUS** représente ton indépendance et ton émancipation. Cette planète peut donc être associée à la plante de tes pieds, car ces derniers te permettent de courir, de t'élancer, de partir ou quitter une situation si ta survie (physique ou émotionnelle) est menacée. D'ailleurs, le moment où un bébé commence à marcher marque le début d'une plus grande autonomie : petit à petit, il prend son envol.

- **NEPTUNE** se place au niveau de ton crâne, près de ton cerveau, car c'est l'astre qui alimente tes idéaux, tes croyances et ta perception de ce qui t'entoure. Il vient nourrir tes rêves, t'inspirer et t'inviter à travailler ta connexion avec ta spiritualité et ton intuition. Il incarne l'imaginaire.

- **PLUTON** incarne ta force de régénération, ta volonté et ta résilience. Il se situe sur le bas des jambes, à l'endroit des tibias. C'est une zone sensible, qui peut rapidement devenir douloureuse, et dont la blessure peut même être fatale. Cette partie de ton corps représente ta résistance face aux attaques et détermine ta capacité à te relever après une épreuve.

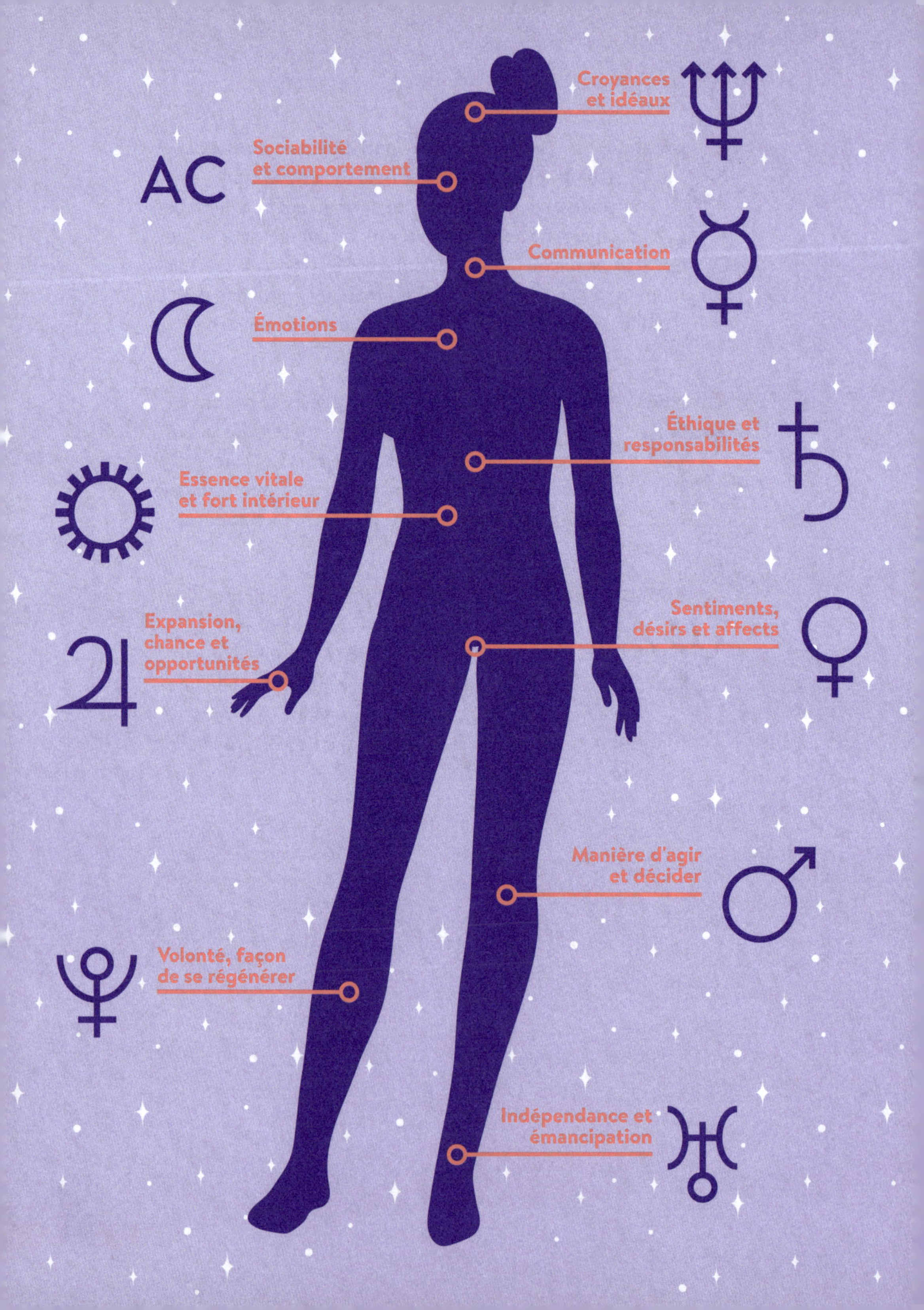
Croyances et idéaux
AC
Sociabilité et comportement
Communication
Émotions
Éthique et responsabilités
Essence vitale et fort intérieur
Sentiments, désirs et affects
Expansion, chance et opportunités
Manière d'agir et décider
Volonté, façon de se régénérer
Indépendance et émancipation

POUR ALLER PLUS LOIN DANS L'ANALYSE DE TA CARTE DU CIEL

Si c'est le premier ouvrage de ma plume que tu tiens en main et que tu souhaites réaliser ta carte du ciel en détail, je te donne rendez-vous dans mon livre *La Grande Trinité astrale*, qui te donnera toutes les clés de compréhension nécessaires pour décortiquer ton minicosmos. Si tu souhaites explorer tes compatibilités amoureuses et mieux comprendre la façon dont tu abordes les relations interpersonnelles, je te donne rendez-vous dans *AstroLove*, qui t'aidera à étudier les mystères des relations humaines à travers le prisme de l'astrologie.

À L'ÉCOUTE DE MON CORPS, GRÂCE AUX CHAKRAS

Les chakras font directement le lien entre ton corps physique, fait de chair, et ton corps spirituel, invisible. L'exploration de tes sept chakras peut t'aider à mieux comprendre le fonctionnement de ton corps et les blessures émotionnelles à guérir en fonction de ce qui se manifeste à l'intérieur mais également à l'extérieur de ton corps.

Qu'est-ce qu'un chakra ?

Un chakra est un centre énergétique qui permet la bonne circulation de tes énergies à travers ton corps et ton esprit.
Lorsqu'un de tes chakras est perturbé ou chamboulé, l'énergie circule moins bien, et cela se répercute souvent sur ton mental, sur ton physique et ton bien-être global. Tes chakras étant tous connectés, le mauvais fonctionnement de l'un peut déséquilibrer les autres.
Un chakra peut être trop fermé, ce qui veut dire que son énergie n'est pas assez exploitée, mais il peut aussi être trop ouvert, ce qui veut dire que son énergie est trop mobilisée, au détriment du bon équilibre entre les différents centres énergétiques.
Lorsque cela arrive, il est important de prendre le temps d'identifier ce qui cause le blocage du chakra concerné, puis de mettre en place une routine bien-être qui va aider à débloquer le chakra et à rééquilibrer la circulation de l'énergie. Cette routine varie en fonction du centre à (re)travailler.
Certains soins énergétiques comme le reiki, la réflexologie, les Access Bars ou encore le massage thérapeutique peuvent aider à réguler les blocages énergétiques. Et, bien évidemment, le qi-gong, le yoga et particulièrement les asanas (postures de yoga) contribuent au bon équilibre des sept chakras principaux.

QUEL CHAKRA DOIS-JE

- J'ai du mal à être patient·e et à m'ancrer dans l'instant présent
- Je n'écoute pas mes désirs ni mes besoins, je me restreins trop ou je suis dans l'excès (nourriture, sport, repos, etc.)
- Je reconnais (trop) rarement ma propre valeur et mes compétences
- Je n'arrive pas à éprouver de l'amour-propre et à m'aimer comme il faut
- Je ne dis jamais tout ce que je pense par peur d'être incompris·e ou rejeté·e
- Je n'écoute pas assez mon intuition
- Je n'arrive pas à imaginer et me projeter dans le futur
- Je ne suis pas satisfait·e de ma vie ni de mes accomplissements
- Je dis toujours oui, même quand j'ai envie de dire non
- Je déteste prendre la parole en public et attirer l'attention
- Je suis souvent triste quand je pense à l'amour
- Je ne sais pas où trouver l'inspiration ni la créativité artistique
- Je me laisse souvent influencer par les opinions des autres
- Je suis toujours dans le rush, c'est difficile de trouver du temps pour moi
- Je n'arrive pas à trouver ma stabilité (financière, émotionnelle…) ni ma sérénité car je m'angoisse
- Je n'arrive pas à me dire que je « mérite » telle ou telle chose dans ma vie
- Je ne suis pas fièr·e de moi

S T

TRAVAILLER EN PRIORITÉ ?

- Je viens de vivre un deuil ou une rupture amoureuse
- J'ai du mal à traduire et exprimer mes pensées : je me sens souvent incompris·e
- Je suis très terre à terre et je ne parviens pas à m'ouvrir à ma spiritualité
- Je ne ressens presque jamais un « calme intérieur », je réfléchis sans cesse et analyse tout
- J'essaie de tout contrôler pour me sentir plus en sécurité
- J'ai du mal avec la notion de « plaisir » : je suis dur·e avec moi-même
- Je ne prends pas les bons choix pour moi
- J'aimerais m'aimer davantage et être plus indulgent·e envers ce que je ressens
- Je suis nerveux·se et angoissé·e au quotidien
- J'ai une mauvaise mémoire
- Je n'arrive pas à me connecter à l'invisible et à percevoir les synchronicités
- J'ai l'impression de ne pas réussir à atteindre mes objectifs et à obtenir tout ce que je désire
- Ma libido est souvent bloquée ou perturbée, je n'arrive pas à lâcher prise lors des moments d'intimité sexuelle
- J'aimerais développer mon charisme et mon pouvoir personnel
- Je ne sais pas pardonner aux autres, ni leur offrir mon soutien
- Il m'arrive de mentir ou de blesser les autres sans le vouloir
- J'ai très souvent des insomnies
- Je ne crois pas être né·e sous une bonne étoile

SI TU AS UNE MAJORITÉ DE

Tu as du mal à vivre dans l'instant présent, tu prévois trop, tu contrôles tout autour de toi, ou au contraire tu as l'impression que tout t'échappe et que les jours défilent à toute vitesse sans que tes projets se construisent : tu as besoin de travailler ton chakra racine !

SI TU AS UNE MAJORITÉ DE

Tu ne t'accordes pas assez de plaisir, tu peux avoir des problèmes de poids ou des troubles alimentaires, ta sexualité peut être affectée et tu peux même te plaindre de douleurs au niveau du ventre : ton chakra sacré réclame ton attention !

SI TU AS UNE MAJORITÉ DE

Tu ne sais pas comment t'affirmer, ni comment prendre et trouver ta place au sein d'un groupe. Tu as l'impression qu'on te marche souvent dessus et que ton jour de gloire n'arrivera jamais : ton chakra du plexus solaire a besoin d'un coup de boost !

SI TU AS UNE MAJORITÉ DE

Tu as besoin de développer ton *self love*, de cultiver ton estime de toi et d'être plus douce envers tes propres émotions. Tu peux être dans une dépendance affective ou avoir du mal à t'ouvrir à l'amour : ton chakra du cœur t'appelle à faire preuve de plus de tendresse.

SI TU AS UNE MAJORITÉ DE

Tu es persuadé·e que tu t'exprimes mal, que tu es incompris·e et que tu n'es pas très créatif·ve ni à l'aise avec tout ce qui touche à l'art. Tu as aussi des difficultés à exprimer ce qui te traverse car tout reste coincé au niveau de la cage thoracique : ton chakra de la gorge te demande de libérer tes cordes vocales !

SI TU AS UNE MAJORITÉ DE

Tu dois apprendre à te connecter à ton intuition et à relâcher le mental, une bonne fois pour toutes ! Tu es trop enfermé·e dans le matériel et les obligations, tu t'empêches de rêver et de viser haut : connecte-toi à ton chakra du 3ᵉ œil.

SI TU AS UNE MAJORITÉ DE

Tu tournes en rond, déconnecté·e de ton Toi Supérieur et de ton authenticité, tu peux y voir flou concernant tes objectifs de vie et te remettre énormément en question : ton chakra de la couronne te murmure de te rappeler qui tu es, maintenant !

NB : Il est possible d'observer seulement certaines caractéristiques associées au déséquilibre d'un chakra, cela dépend de l'intensité du blocage énergétique. On peut aussi avoir plusieurs chakras bloqués.

Les sept chakras :
LES PORTES D'ENTRÉE VERS TON MINICOSMOS

LE CHAKRA RACINE
Muladhara

Premier chakra, il se situe à la base de ta colonne vertébrale et te permet d'avoir « les pieds sur terre » et de t'ancrer dans la matérialité. Il représente tes besoins fondamentaux : boire, manger, dormir, etc. Ce centre énergétique parle des bases qui construisent et sécurisent ta vie ; il est aussi lié à la stabilité financière, ainsi qu'à ton instinct premier qui est celui de la survie. C'est ta vitalité et ta santé physique : il te relie à l'instant présent, à l'action et à l'instinct. Ce chakra te permet de semer les graines de tes projets avant de les faire éclore.

PHRASE CLÉ : « Je suis »
MOTS-CLÉS : ancrage, sommeil, vitalité
MANTRA : LAM
COULEUR : rouge
CORRESPONDANCES AVEC L'ASTROLOGIE :
le Bélier, le signe de l'impulsion et de la vitalité, et le Capricorne, le signe des structures et de la stabilité
SIGNIFICATION : incarnation corporelle, conscience physique, vie

FONCTION SENSORIELLE : odorat

ZONE : coccyx

ÉQUILIBRE : CHAKRA RACINE

Lorsque le chakra racine est bien équilibré, tu vis dans l'instant présent. Tu prends davantage conscience de ta capacité d'action et de ton pouvoir personnel. Tu es en pleine forme, enthousiaste et tu as la force nécessaire pour concrétiser tes projets. Tu te sens en sécurité, serein·e face à l'avenir et tu n'as pas de problèmes financiers.

DÉSÉQUILIBRE : CHAKRA RACINE

Lorsque le chakra racine est déséquilibré, tu vis dans la peur, voire dans l'insécurité (financière et/ou émotionnelle), ce qui cause une difficulté à être dans l'instant présent. Soit tu es dans le passé, soit tu es trop dans le futur. Tu peux connaître des troubles alimentaires, notamment parce que tu n'éprouves plus de désir et que tu as du mal à écouter tes besoins fondamentaux. Tu as tendance à être négatif·ve, tu n'es pas concentré·e et tu peux mal dormir (insomnies, nuits agitées, etc.).

Potentiels problèmes physiques liés au déséquilibre : douleurs dans le bas du dos et/ou au coccyx, plante des pieds fragile, orteils ou talons blessés.

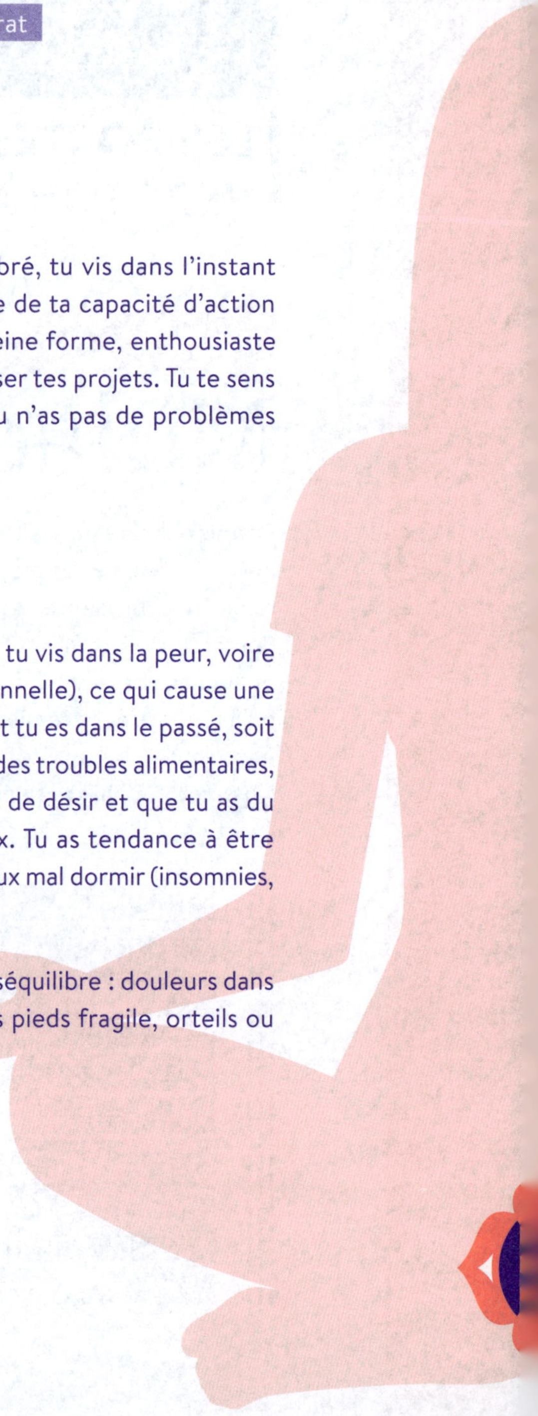

TRAVAILLER LE CHAKRA RACINE : ASTUCES

Les activités qui te permettent de te reconnecter à la nature, aux animaux (dont on a beaucoup à apprendre pour cultiver le lâcher-prise), de t'ancrer dans le sol et dans la matière, d'observer ton environnement et de respirer calmement sont à favoriser pour travailler ce centre énergétique. Cela peut aller d'une simple balade dans les bois à une séance de sport intensive.

- Jardiner et plonger les mains dans la terre
- Marcher pieds nus dans l'herbe
- Méditer
- Programmer une séance de massage
- Passer du temps avec des animaux de compagnie

Les pierres semi-précieuses pour rééquilibrer le chakra racine : grenat, jaspe rouge, mokaïte, hématite, onyx, tourmaline.

Les huiles essentielles pour rééquilibrer le chakra racine : patchouli, bois de santal, cèdre, cannelle, clou de girofle.

LE CHAKRA SACRÉ

Svadhishtana

Deuxième chakra, il est relié aux organes génitaux et se situe trois pouces en dessous du nombril. Svadhishtana gouverne à la fois ta sensualité et ta créativité ; il fait le lien entre le féminin et le masculin, d'où son importance dans l'expression de la sexualité et des plaisirs de la vie. Il permet de mettre en avant le potentiel créatif d'une personne et libère les passions. C'est un symbole d'harmonie qui te rappelle de prendre du recul quand tes émotions font les montagnes russes – au point que tu en aies mal au ventre… Il te permet également de booster ton estime de toi. C'est aussi lui qui incarne la fertilité : ce centre énergétique est lié à la création mais aussi à la (pro)création.

PHRASE CLÉ : « Je sens »

MOTS-CLÉS : émotions, sexualité, fertilité

MANTRA : VAM

COULEUR : orange

CORRESPONDANCES AVEC L'ASTROLOGIE : le Cancer, le signe des émotions et de la féminité, et le Scorpion, le signe des passions et de la sexualité

SIGNIFICATION : (pro)création, famille, contact, échange, sexualité

FONCTION SENSORIELLE : goût

ZONE : pubis/sacrum

ÉQUILIBRE : LE CHAKRA SACRÉ

Lorsque le chakra sacré est bien équilibré, tu exprimes spontanément ta créativité et tu as une belle estime de toi, ainsi que de tes idées. Tu as une vie sexuelle épanouie, sans complexes et sans tabous. D'ailleurs, tu t'autorises les petits plaisirs de la vie sans une once de culpabilité. Tu dégages de bonnes ondes et de la chaleur autour de toi. Tu sais également comment amener ceux·elles qui t'entourent à exprimer tout leur potentiel.

DÉSÉQUILIBRE : LE CHAKRA SACRÉ

Lorsque le chakra sacré est déséquilibré, tu peux avoir la sensation que ta créativité est bloquée – ou que tu n'es tout simplement pas une personne créative et originale. Tu peux souffrir de blocages concernant ta sexualité, tu es mal à l'aise quand on aborde le sujet et tu t'octroies peu de plaisir dans ton quotidien. Ta confiance en toi est assez fragile, ce qui peut se traduire par un comportement impulsif et violent – car tu n'arrives pas à transmettre tes idées – et une tendance à être envieux·se et jaloux·se.

Potentiels problèmes physiques liés au déséquilibre : problèmes hormonaux, douleurs utérines, maux dans le bas du ventre, ballonnements, dérèglements intestinaux.

TRAVAILLER LE CHAKRA SACRÉ : ASTUCES

Rien de tel que les activités créatives et artistiques pour travailler ce centre énergétique. Musique, danse, chant, écriture... tout ce qui peut permettre à ton enfant intérieur de ressurgir et de prendre toute sa place est bienvenu ! Prendre le temps d'apprécier les petits moments de bonheur, en étant seul·e ou accompagné·e, est primordial pour booster ce chakra également. Que ce soit manger en pleine conscience, participer à un buffet à volonté en étant en bonne compagnie, ou tout simplement te gâter en jouant avec un sextoy : tu dois accepter de t'octroyer des pauses et des petits plaisirs au quotidien sans te culpabiliser !

- Préparer une recette qui te fait de l'œil
- Développer ton charisme et ton *self love* (via une formation sur l'éloquence, un cours de théâtre, un shooting photo…)
- Faire des activités créatives (dessiner, colorier, faire de la poterie…)
- Pratiquer l'art-thérapie
- Se faire un automassage

Les pierres semi-précieuses pour rééquilibrer le chakra sacré : pierre de lune, cornaline, ambre, pierre de soleil, opale de feu, agate orange.

Les huiles essentielles pour rééquilibrer le chakra sacré : bergamote, mandarine, citron, orange douce, gingembre, jasmin.

LE CHAKRA DU PLEXUS SOLAIRE

Manipura

Troisième chakra, il se situe près de l'estomac, deux pouces au-dessus du nombril, et représente le pouvoir personnel et la joie. C'est un chakra assez fragile qui se dérègle facilement, dès qu'une angoisse survient. Il incarne l'expression de la volonté car il fournit l'énergie nécessaire pour avancer vers tes ambitions et réaliser tes projets. Il reflète également la manière dont tu te montres aux autres : si tu es rayonnant·e et lumineux·se, c'est que ton plexus solaire rayonne également.

Relié à ta joie de vivre, à ton système digestif et intestinal (ce n'est pas pour rien qu'on utilise l'expression « être un·e bon·ne vivant·e » quand on est gourmand·e !), il te permet de (re)prendre en main ton pouvoir individuel et déclare fièrement la guerre à l'anxiété et à l'angoisse !

PHRASE CLÉ : « Je fais »
MOTS-CLÉS : volonté, raison, pouvoir
MANTRA : RAM
COULEUR : jaune
CORRESPONDANCES AVEC L'ASTROLOGIE : le Lion, le signe de l'ego, du charisme et de l'affirmation de soi
SIGNIFICATION : ambition, affirmation de soi, désir, (di)gestion
FONCTION SENSORIELLE : vue
ZONE : nombril

ÉQUILIBRE : LE CHAKRA DU PLEXUS SOLAIRE

Lorsque le chakra du plexus solaire est bien équilibré, tu es lumineux·se, plein·e de joie de vivre, optimiste et enthousiaste. Tu te sens épanoui·e et bien dans ta peau. Tu as confiance en tes capacités et tu prends en main ton plein potentiel individuel. Tu acceptes facilement d'endosser des rôles à responsabilités, tu trouves facilement des solutions aux problèmes que tu rencontres et tu perçois toujours le verre à moitié plein.

DÉSÉQUILIBRE : LE CHAKRA DU PLEXUS SOLAIRE

Lorsque le chakra du plexus solaire est déséquilibré, tu te montres irritable, pessimiste et très angoissé·e. Tu peux manquer d'objectifs clairs et stables, avoir du mal à te projeter et tout simplement avoir peur de prendre des décisions importantes pour ton avenir. Tu as beaucoup d'idées et de projets en tête, mais tu ne sais pas par où commencer pour les concrétiser. Enfin, tu peux aussi te montrer contrôlant·e et excessif·ve.

Potentiels problèmes physiques liés au déséquilibre : crampes à l'estomac, acidité gastrique, nausées, manque d'appétit.

TRAVAILLER LE CHAKRA SACRÉ : ASTUCES

Le chakra du plexus solaire est celui qui t'incite à prendre ta place dans le monde, à t'affirmer en tant qu'individu unique. Pour travailler ce centre énergétique, privilégie les activités qui te permettent d'affirmer ta personnalité, tes qualités personnelles et, plus généralement, ton existence sur cette Terre. Parce que, s'il y a bien une chose que veut te rappeler ton chakra du plexus solaire, c'est que tu disposes de tous les outils pour reprendre « ton pouvoir » et t'élever tel·le un·e géant·e !

- Profiter des rayons du soleil
- Lire des phrases et pensées positives dès le matin
- S'entourer de couleurs gaies et joyeuses (jaune, orange, etc.)
- Planifier et visualiser ses objectifs sur le moyen terme
- Faire des listes de gratitudes

Les pierres semi-précieuses pour rééquilibrer le chakra du plexus solaire : citrine, héliodore, calcite jaune, œil-de-tigre, septaria, topaze dorée, pyrite.

Les huiles essentielles pour rééquilibrer le chakra du plexus solaire : géranium, laurier noble, romarin, pamplemousse, verveine citronnée.

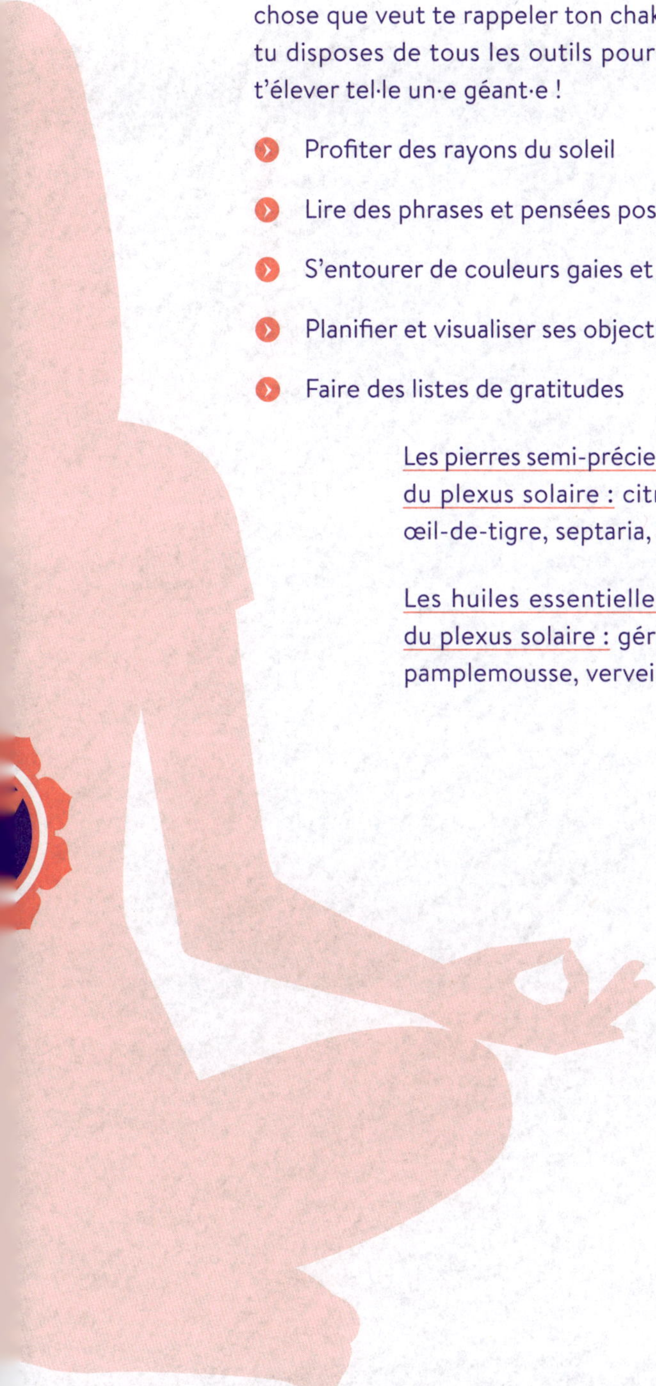

LE CHAKRA DU CŒUR

Anahata

Quatrième chakra, il est celui qui relie tous les autres chakras entre eux. Si ce chakra placé au centre est déséquilibré, les autres risquent de l'être aussi. Comme son nom l'indique, il est situé au niveau du cœur et il représente le degré de connexion aux autres : la capacité à créer des liens avec eux mais aussi la manière dont tu donnes à autrui et acceptes de recevoir de sa part, ainsi que la place que tu accordes aux autres et aux relations au sein de ta vie. Il parle de ta compassion, de ton empathie, de ta douceur... Il concerne également le deuil, l'acceptation et le pardon.

Le chakra du cœur renseigne sur ton empathie, ta compassion et ta capacité à tisser des liens relationnels. C'est lui qui te met le feu aux joues et t'apporte une douce chaleur au creux de la poitrine quand tu ressens de l'amour pour une belle âme... mais il est aussi responsable de la douleur et de l'impression d'avoir le cœur brisé après une rupture, un deuil ou un conflit relationnel de grande envergure. C'est sûrement le chakra qui te rend le plus humain·e.

PHRASE CLÉ : « J'aime »
MOTS-CLÉS : empathie, relations, amour
MANTRA : YAM
COULEUR : vert
CORRESPONDANCES AVEC L'ASTROLOGIE : le Taureau, le signe de la volupté et de la raison, et la Balance, le signe du partenariat et du couple
SIGNIFICATION : sensibilité, générosité, union, joie, pardon

FONCTION SENSORIELLE : toucher

ZONE : cœur

ÉQUILIBRE : CHAKRA DU CŒUR

Lorsque le chakra du cœur est bien équilibré, tu fais preuve de beaucoup d'empathie et tu te montres bienveillant·e envers les autres. Tu es ouvert·e aux rencontres et tu es capable de laisser entrer des gens dans ta vie. Tu sais également poser tes limites sur le plan relationnel lorsque c'est nécessaire et, bien évidemment, tu es capable de faire preuve d'une grande tolérance et d'accorder le pardon à ceux et celles qui ont pu te blesser.

DÉSÉQUILIBRE : CHAKRA DU CŒUR

Lorsque le chakra du cœur est déséquilibré, tu te montres sur la défensive, notamment parce que tu as peur de l'intimité émotionnelle avec les autres et redoutes de les laisser entrer dans ta bulle. Tu sombres facilement dans la (co)dépendance affective et tu peux avoir tendance à endosser le rôle du sauveur ou de la victime. Enfin, tu n'arrives pas à pardonner et tu as la rancune tenace.

Potentiels problèmes physiques liés au déséquilibre : palpitations, douleurs au cœur, picotements au niveau de la poitrine.

TRAVAILLER LE CHAKRA DU CŒUR : ASTUCES

Avec ce centre énergétique, ce sont tes émotions, tes ressentis et tes affects qui sont mis au premier plan. Tu dois apprendre à dire plus spontanément ce qui te tient à cœur (lorsqu'il est trop fermé) et/ou apprendre à te donner autant d'amour que tu en donnes aux autres (lorsqu'il est trop ouvert). Intégrer des moments « *self care* » dans ta routine quotidienne est indispensable, tout comme travailler sur ton rapport à l'amour et aux relations intimes.

- Programmer une séance de sonothérapie
- Prendre un bain et t'accorder un peu de temps pour te chouchouter
- Répéter des mantras autour du *self love* (par exemple : « je mérite l'amour et la bienveillance »)
- Faire des câlins à tes proches et leur dire ce que tu penses vraiment d'eux
- Écrire dans un journal intime tes émotions, tes pensées, tes ressentis

Les pierres semi-précieuses pour rééquilibrer le chakra du cœur : quartz rose, aventurine, émeraude, jade, malachite, péridot, rhodonite, lépidolite.

Les huiles essentielles pour rééquilibrer le chakra du cœur : ylang-ylang, rose, palmarosa, myrrhe, épinette noire, géranium.

LE CHAKRA DE LA GORGE

Vishuddha

Le cinquième chakra, situé au niveau du pharynx, est relié à la communication, la parole, mais aussi à l'expression de ton côté artistique. Avec lui, « prendre la parole » devient symbolique car cela revient à « prendre sa place », à affirmer ses opinions, sa vision du monde, partager ses ressentis et ses émotions avec autrui. Il permet aussi d'attirer à soi l'abondance, notamment en adressant ses demandes, à voix haute ou par écrit, à l'Univers.
Le chakra de la gorge est celui qui te permet de communiquer, de concrétiser ta créativité (qui naît dans le chakra sacré), de t'inspirer... mais également d'être sincère, juste et honnête envers les autres (et toi-même). Savais-tu que, neuf fois sur dix, lorsque tu as un problème lié à la gorge (rhume, allergies, voix cassée...), cela peut se résoudre facilement si tu acceptes d'exprimer ce que tu retiens au fond de ta gorge ? Il peut s'agir de mots/maux que tu as retenus ou mal exprimés. Ose prendre la parole, dire ta vérité et extérioriser ce que tu ressens !

PHRASE CLÉ : « Je parle »
MOTS-CLÉS : communication, messages, parole
MANTRA : HAM
COULEUR : bleu turquoise
CORRESPONDANCES AVEC L'ASTROLOGIE : le Gémeaux, signe de la communication et du partage, et la Vierge, signe du dévouement et de l'intellect
SIGNIFICATION : connaissance, compréhension, remise en question, art

FONCTION SENSORIELLE : ouïe

ZONE : gorge

ÉQUILIBRE : CHAKRA DE LA GORGE

Lorsque le chakra de la gorge est bien équilibré, tu t'exprimes de manière claire et distincte. Tes mots sont honnêtes, justes et précis. Tu te sens constamment inspiré·e et créatif·ve ; d'ailleurs, tu mets facilement en application ton potentiel artistique. Aussi, tu te montres calme, zen et sincère. Tu n'arbores aucun masque et tu partages ce que tu penses avec les autres.

DÉSÉQUILIBRE : CHAKRA DE LA GORGE

Lorsque le chakra de la gorge est déséquilibré, tu as du mal à communiquer. Tu bafouilles, tu bégaies et tu as du mal à traduire ta pensée, à trouver les bons mots et à te faire entendre. Cela peut te conduire à cacher des choses, car les exprimer est trop difficile pour toi. Ton inspiration est bloquée et tu peux également te sentir très nerveu·se et anxieux·se, voire mal à l'aise en groupe. Si ce centre énergétique est trop ouvert, tu peux également dévoiler des secrets, blesser l'autre avec tes mots, mentir ou dire un mot de trop.

Potentiels problèmes physiques liés au déséquilibre : douleurs à la gorge, rhume, enrouement, allergies, difficultés respiratoires, pointes dans le thorax.

TRAVAILLER LE CHAKRA DE LA GORGE : ASTUCES

Trouver le juste milieu entre le « trop dire » et le « pas assez » peut être délicat. C'est pour cela que je te recommande de privilégier les activités où tu peux extérioriser tes émotions, tout en te sentant à ta place : le chant, les vocalises, l'écriture... Prendre des cours d'éloquence ou tout simplement programmer une séance chez le·la psy ou un·e thérapeute peut grandement t'aider aussi. L'objectif est de réussir à exprimer tes mots (maux) à haute voix, de reconnaître leur existence de manière claire et distincte, sans heurter les autres ni toi-même.

- Appeler ou discuter avec un être cher
- Boire de l'eau de coco, du thé ou des infusions (myrtille, raisin noir, etc.)
- Chanter ou jouer d'un instrument
- Écrire une lettre
- Faire des vocalises ou crier en pleine nature pour te défouler

Les pierres semi-précieuses pour rééquilibrer le chakra de la gorge : apatite, turquoise, aigue-marine, angélite, célestine, howlite bleue.

Les huiles essentielles pour rééquilibrer le chakra de la gorge : eucalyptus, romarin, camomille, coriandre, sauge, basilic.

LE CHAKRA DU 3e ŒIL

Ajna

Sixième chakra, Aina est situé au niveau du « 3e œil », là où s'opèrent les prises de conscience intérieures. Bien loin du mental qui s'agite quotidiennement, ce niveau est celui où tu crées ta réalité intérieure. Ce centre énergétique incarne ta mémoire, ton intelligence, ton imagination, ton discernement et tes aptitudes extrasensorielles (médiumnité, intuition, etc.). Il t'aide à surmonter tes pensées limitantes, tes blocages et tes peurs et te permet également de cultiver ta sagesse.

Le chakra du 3e œil te permet d'approfondir ton intuition et tes ressentis, mais aussi d'affiner la perception de ton environnement. Par contre, c'est aussi celui qui te pose problème lorsque tu intellectualises trop tes émotions et que tu n'arrives pas à lâcher prise !

PHRASE CLÉ : « Je vois »

MOTS-CLÉS : intuition, voix intérieure, conscience

MANTRA : OM

COULEURS : bleu indigo, mauve

CORRESPONDANCES AVEC L'ASTROLOGIE : le Sagittaire, signe de l'ouverture d'esprit et de la sagesse, et le Verseau, signe de l'idéalisation et de la philanthropie

SIGNIFICATION : essence, ressentis, sagesse, connexion, ouverture

FONCTION SENSORIELLE : vue

ZONE : front, entre les deux sourcils

ÉQUILIBRE : CHAKRA DU 3e ŒIL

Lorsque le chakra du 3e œil est bien équilibré, tu es connecté·e aux énergies environnantes (visibles et invisibles), ainsi qu'à ton intuition. Tu fais preuve de bienveillance et de sagesse. Tu n'as plus aucun doute concernant le chemin à emprunter et tu fais preuve de clairvoyance, notamment en intégrant la présence des synchronicités dans ta vie. Aussi, tu es plus détaché·e du matériel et tu ne ressens pas le besoin d'accumuler des biens ou des possessions.

DÉSÉQUILIBRE : CHAKRA DU 3e ŒIL

Lorsque le chakra du 3e œil est déséquilibré, tu intellectualises tout ce que tu vois et ressens sans parvenir à lâcher prise. À cause de cela, tu restes coincé·e dans une vision irréaliste de la vie (lorsqu'il est trop ouvert) ; par exemple, tu peux continuer à cheminer vers un objectif qui ne te correspond pas ou refuser d'écouter les conseils d'autrui. Au contraire, lorsque ce chakra est trop fermé, tu peux être pessimiste, trop rationnel·le et te refuser d'imaginer ou de rêver certaines choses. Tu peux également être influençable, notamment parce que tu n'arrives pas à te connecter à ta propre intuition.

Potentiels problèmes physiques liés au déséquilibre : maux de tête, vue trouble, migraines oculaires, difficultés à se concentrer, cauchemars, insomnies.

TRAVAILLER LE CHAKRA DU 3e ŒIL : ASTUCES

Si ce chakra n'est pas harmonisé, il peut causer des blocages et altérer le bon déroulement de tes projets de vie. Pour le rééquilibrer, les asanas inversées (positions de yoga) ou plus globalement les postures durant lesquelles la tête est plus basse que le cœur (chandelle, pont, chien tête en bas, *headstand*...) et la méditation sont conseillées pour travailler ce chakra.

- Pratiquer la visualisation
- Réciter des affirmations pour débloquer l'intuition (par exemple : « j'écoute ma voix intérieure », etc.)
- Noter ses rêves dans un carnet (et donner une fin heureuse à un cauchemar)
- Faire un massage crânien
- Brûler de l'encens (sauge, jasmin...)

Les pierres semi-précieuses pour rééquilibrer le chakra du 3e œil : sodalite, lapis-lazuli, azurite, aventurine bleue, saphir, fluorite arc-en-ciel.

Les huiles essentielles pour rééquilibrer le chakra du 3e œil : lavande, menthe, valériane, ravintsara, immortelle, épinette blanche.

LE CHAKRA DE LA COURONNE

Sahasrara

Le septième et dernier chakra est représenté par un lotus à mille pétales car il correspond au niveau de conscience le plus haut. Il recueille et unifie l'énergie des six autres chakras principaux ; c'est à cet endroit que s'établit ta connexion à la spiritualité, au divin et à l'Univers. Cette énergie te permet d'atteindre la clairvoyance ainsi que la lucidité, mais également de faire jaillir la sagesse, la paix et la conscience de l'âme.

Le chakra coronal est celui qui te permet de te connecter à ton « Toi Supérieur », à ta véritable nature, à ton for intérieur et à ta vérité. Il nourrit ta compréhension du monde, ta sagesse, ta tolérance et t'apporte un sentiment de paix. Néanmoins, il peut facilement être déséquilibré, car il est énormément influencé par les énergies des chakras inférieurs.

PHRASE CLÉ : « Je comprends »
MOTS-CLÉS : spiritualité, mission de vie, connexion au divin
MANTRA : ANG
COULEURS : violet, blanc
CORRESPONDANCES AVEC L'ASTROLOGIE : le Poissons, signe de l'invisible, du cosmos et de la spiritualité
SIGNIFICATION : essence pure, fusion, invisible, âme
FONCTION SENSORIELLE : perception
ZONE : sommet du crâne

ÉQUILIBRE : CHAKRA DE LA COURONNE

Lorsque le chakra de la couronne est bien équilibré, tu es connecté·e aux énergies spirituelles et tu développes un attrait envers tout ce qui élève ta connaissance du monde. Tu es libéré·e de tes peurs et de tes attentes envers les autres et la vie. Tu es rempli·e de tolérance et d'empathie. Et, bien évidemment, tu es en quête profonde de sens.

DÉSÉQUILIBRE : CHAKRA DE LA COURONNE

Lorsque le chakra de la couronne est déséquilibré, tu as du mal à t'enraciner sur Terre, à être dans l'instant présent et à accepter ton incarnation physique. Tu peux également te montrer trop détaché·e du matériel et de l'argent, au point de ne plus subvenir à certains de tes besoins, ou encore être excessivement rationnel·le et cartésien·ne. Lorsqu'il est trop ouvert, tu as du mal à te sentir à ta place sur Terre, tu flottes car tu manques d'ancrage. Lorsqu'il est trop fermé, tu essaies de te rendre indispensable pour prouver ta valeur aux yeux des autres et tu écoutes plus souvent ton ego que ton intuition.

Potentiels problèmes physiques liés au déséquilibre : dépression, manque de désir, difficulté à dormir, fatigue, insomnie, perte de cheveux.

TRAVAILLER LE CHAKRA DE LA COURONNE : ASTUCES

C'est le chakra le plus complexe à rééquilibrer car il est souvent soit trop fermé soit, au contraire, trop ouvert ! Pratiquer la méditation vipassana (basée sur la respiration), le savasana (posture de yoga où tu es couché·e pour méditer), t'offrir un soin au bol tibétain ou encore utiliser des plantes sacrées peut t'aider à le rééquilibrer.

- Détoxifier le corps via une alimentation saine, qui draine le corps et le booste
- Faire une cure de vitamines
- Programmer une séance de shiatsu
- Réaliser un tirage de cartes (oracle ou tarot)
- Faire brûler de la sauge

Les pierres semi-précieuses pour rééquilibrer le chakra de la couronne : améthyste, pierre de lune blanche, sélénite, perle, opale blanche, calcite blanche.

Les huiles essentielles pour rééquilibrer le chakra de la couronne : genévrier, sapin, bois de rose, camphre, pamplemousse.

RITUEL

L'automassage

Cette technique consiste à se masser soi-même pour éliminer les tensions du corps – et le stress, par la même occasion. Pour faire circuler ton énergie et prendre soin de ton temple sacré, je t'invite à réaliser ce petit rituel dès que tu en ressens le besoin et dès que tu souhaites te libérer d'une énergie négative.

CE DONT TU AS BESOIN :

- Une huile végétale de ton choix (par exemple : huile d'amande douce, huile de coco…)
- Quelques gouttes de l'huile essentielle de ton choix (si tu le souhaites, tu peux te référer au chakra que tu souhaites travailler)
- Tes mains
- Une pièce calme
- Dix ou quinze minutes de ton temps
- Un roll-on en pierre semi-précieuse (facultatif)
- Une musique douce (si tu le souhaites)

NB : Avant de commencer, pense à te démaquiller si nécessaire.

» Assieds-toi confortablement. Pour commencer, frotte tes paumes de main l'une contre l'autre pour créer de l'énergie et de la chaleur, ensuite jette tes bras vers l'arrière puis vers l'avant.

» Mets une noisette d'huile dans tes mains avant de te masser ; tu peux aussi y intégrer cinq à six gouttes d'huile essentielle de ton choix (veille à ne pas être allergique, un test au préalable est nécessaire !).

» Ferme les yeux, respire calmement, pose tes mains sur le sommet de ton crâne pour débuter le massage avec ton cuir chevelu, puis masse délicatement tes tempes en faisant des petits cercles avec le bout de tes doigts. Descends lentement vers ton nez, tes joues, ton menton, ton cou, vers tes omoplates, tes épaules, le haut de ton dos, ta poitrine, ton ventre, le milieu de ton dos, le bas de ton dos, le bas de ton ventre, puis tes cuisses, tes mollets, tes chevilles, pour arriver finalement à la plante de tes pieds.

» Effectue un *body-scan*, en gardant tes yeux fermés, tout le long du processus : pour cela, visualise chaque zone que tu touches, comme si tu voyais ton corps « d'en haut » et que ton esprit était capable de « scanner » pour toi chacune des parties que tu masses. Ainsi, tu arriveras plus facilement à porter toute ton attention sur ton corps et à écouter les messages qu'il souhaite te faire passer via des zones plus douloureuses, plus tendues ou plus souples. Tu peux te répéter un ou plusieurs mantras sur la thématique de l'acceptation de ton corps en faisant ce rituel ; en voici quelques-uns :

« JE M'ACCEPTE PROFONDÉMENT ET ENTIÈREMENT. »

« JE M'ACCEPTE COMME JE SUIS, DANS MON ENTIÈRETÉ. »

« JE SUIS FIER·ÈRE DE MOI, JE SAIS QUE JE FAIS DU MIEUX QUE JE PEUX. »

« CE CORPS MÉRITE AMOUR, DOUCEUR ET TENDRESSE. »

« J'HONORE MON TEMPLE SACRÉ ET LE PROTÈGE DE TOUTE MAUVAISE ÉNERGIE. »

» Quand tu as fini, ouvre délicatement les yeux en clignant plusieurs fois d'affilée. Remercie-toi et sers-toi fort dans tes bras.

LES PIERRES DE LA SENSUALITÉ ET DE LA CONFIANCE EN SOI

Si tu es un·e adepte des pierres semi-précieuses en raison de leur beauté mais également de leurs bienfaits, voici une liste des cristaux à avoir auprès de toi pour développer ton charisme, ta sensualité et prendre confiance en toi. Ces pierres t'aident également à t'ancrer dans le moment présent et être bien présent·e dans ton corps.

Cornaline

- **BIENFAITS PHYSIQUES :** cette pierre orange, striée de petites lignes qui rappellent la coagulation du sang, est un puissant stimulant sexuel. Elle favorise l'érection, la production d'hormones sexuelles et la fécondité.
- **BIENFAITS PSYCHOLOGIQUES :** ce minéral encourage à prendre confiance en soi, à s'aimer, à accepter la vie comme elle vient et à quitter le besoin de contrôle permanent. Elle favorise la créativité tout en aidant les personnes hypersensibles à mieux maîtriser leurs tourments émotionnels. Elle apporte le courage et l'audace.
- **UTILISATION :** pour accentuer ta sensualité et te rendre plus audacieux·se.
- **CHAKRA :** sacré.
- **PURIFICATION :** eau salée.
- **RECHARGEMENT :** à la lumière directe du soleil ou lumière naturelle.

Jaspe rouge

- **BIENFAITS PHYSIQUES :** cette pierre rouge vif apporte une forte dose d'énergie. Elle favorise la circulation du sang et la récupération musculaire, régule les hormones et a un impact favorable sur les organes génitaux. Elle stimule le désir sexuel et il paraît même qu'elle renforce les sensations physiques durant l'acte sexuel.
- **BIENFAITS PSYCHOLOGIQUES :** le jaspe rouge apaise et procure un sentiment de sécurité. Il invite à avoir confiance en la vie, en soi, et à vivre l'instant présent sans peur. Il rassure les personnalités qui redoutent de prendre des risques ou de passer par le deuil. Il aide à s'épanouir davantage.
- **UTILISATION :** pour booster ta vitalité et t'épanouir dans ton corps.
- **CHAKRA :** racine.
- **PURIFICATION :** eau salée.
- **RECHARGEMENT :** lumière directe du soleil ou lumière naturelle.

Citrine

- **BIENFAITS PHYSIQUES :** cette pierre jaune translucide est parfaite contre les coups de mou et la fatigue car elle apporte vitalité et bonne humeur. Elle aide également à se remettre sur pied après une convalescence.
- **BIENFAITS PSYCHOLOGIQUES :** ce quartz est réputé pour booster la joie de vivre et l'optimisme. Il est parfait pour contrer la négativité et accompagne volontiers les personnes à l'humeur triste, voire dépressive. Il permet de faire

rayonner sa personnalité et d'affirmer ses opinions sans avoir peur du jugement d'autrui. Cette pierre est la fidèle amie des âmes introverties.

- **UTILISATION :** pour aller vers les autres et te montrer plus extraverti·e.
- **CHAKRA :** plexus solaire.
- **PURIFICATION :** eau claire ou sur un support avec le dessin d'une fleur de vie.
- **RECHARGEMENT :** lors de la pleine Lune.

Ambre

- **BIENFAITS PHYSIQUES :** cette résine est réputée pour son action anti-inflammatoire. Chaleureuse et douce, elle aide à surmonter les rhumes, les refroidissements et elle vient apaiser les douleurs musculaires.
- **BIENFAITS PSYCHOLOGIQUES :** tout comme la citrine, cette pierre est utile pour les personnes qui souhaitent s'affirmer davantage et apprendre à s'imposer quand il le faut. Elle dynamise l'intellect et favorise la réflexion claire et limpide. Elle apporte l'enthousiasme.
- **CHAKRA :** plexus solaire.
- **PURIFICATION :** eau claire.
- **RECHARGEMENT :** lumière directe du soleil ou lumière naturelle.

Pierre de lune

- **BIENFAITS PHYSIQUES :** la pierre de lune (peu importe sa couleur) booste la fertilité. Elle purifie aussi les reins et la vessie. Elle est également très réputée pour apaiser les douleurs des menstruations et pour réguler les hormones.

- **BIENFAITS PSYCHOLOGIQUES :** cette pierre translucide aide à débloquer la créativité. Elle permet également de faire jaillir sa « part féminine », de se reconnecter à son intuition profonde et de déployer ses aptitudes extrasensorielles et ses émotions. Enfin, elle favorise la bonne entente au sein d'un couple.
- **UTILISATION :** pour te reconnecter à ton féminin sacré.
- **CHAKRAS :** sacré, 3e œil et couronne.
- **PURIFICATION :** eau claire.
- **RECHARGEMENT :** lors de la pleine Lune.

Grenat

- **BIENFAITS PHYSIQUES :** cette pierre rouge sang régule la tension artérielle et fluidifie le système sanguin. C'est aussi un excellent stimulant sexuel, sûrement le meilleur en lithothérapie.
- **BIENFAITS PSYCHOLOGIQUES :** le grenat donne le courage et l'énergie nécessaires pour entreprendre des projets de grande envergure. Il développe l'instinct de survie et réduit les tabous et les peurs. Il est néanmoins déconseillé aux personnes colériques, impulsives et à tendance violente.
- **UTILISATION :** pour booster la libido et libérer ta sexualité.
- **CHAKRA :** racine.
- **PURIFICATION :** lit de gros sel ou eau salée.
- **RECHARGEMENT :** lumière directe du soleil ou lumière naturelle.

Œil-de-tigre

- **BIENFAITS PHYSIQUES :** l'œil-de-tigre apporte l'équilibre, il facilite la respiration, décontracte les muscles et réduit les problèmes d'articulations. Il renforce le métabolisme et stabilise la tension artérielle. Il aide également à la régénération physique et réduit la fatigue.
- **BIENFAITS PSYCHOLOGIQUES :** cette fabuleuse pierre dorée est une protection contre le mauvais œil mais elle est également très utile pour ceux et celles qui souhaitent développer leur force de volonté, leur empathie et leur sérénité intérieure. Elle aide à prendre conscience de son potentiel unique et elle réduit l'anxiété.
- **UTILISATION :** pour protéger tes énergies et réduire ton stress.
- **CHAKRAS :** racine et plexus solaire.
- **PURIFICATION :** eau claire.
- **RECHARGEMENT :** lumière directe du soleil ou pleine Lune.

LES INDICATEURS DE LA SEXUALITÉ SUR UNE CARTE DU CIEL

Ah, le sexe ! Besoin fondamental trop souvent rangé dans la case « tabou », la sexualité revient sur le devant de la scène depuis quelques années, notamment grâce au combat féministe qui milite pour la reconnaissance et l'expression du plaisir féminin et de l'un de ses superbes acteurs : le clitoris. Le clitoris est en effet le seul organe humain (et féminin) dont la fonction est entièrement dédiée au plaisir.

Aujourd'hui, les femmes revendiquent davantage leur sexualité et prennent de plus en plus conscience qu'elles ont, en elles, une porte directe – et magique – qui relie leur corps à l'Univers et permet la (pro)création.

Qu'elle soit pour toi synonyme de plaisir solitaire, ou à plusieurs, de moment sacré, de fun ou encore d'expression de ton amour, je te propose ici de voir la sexualité comme un moyen de te réapproprier et de célébrer ton corps de dieu ou de déesse. Ni plus ni moins !

Grâce aux indications de l'astrologie, tu vas pouvoir mieux comprendre ton tempérament et ta manière de fonctionner sur le plan sexuel – et amoureux, certes ! Mais aussi quel genre de partenaire te correspond sur le court, le moyen ou le long terme.

RAPPEL IMPORTANT :

qu'on parle de sexualité ou d'amour, le consentement est une étape indispensable !

Définition :

(JURIDIQUE) *Acte qui peut se définir comme la volonté d'engager sa personne ou ses biens, ou bien les deux à la fois.*

(SOCIALE) *Acquiescement, accord donné à un projet ou lors d'un événement particulier.*

(NEW AGE) *Accord explicite donné à un ou plusieurs interlocuteurs face à une proposition (le plus souvent d'ordre sexuel). Cet accord doit être donné de façon libre et éclairée et reconnu par l'ensemble des personnes impliquées.*

Soleil (signe astrologique)

Comme le signe astrologique représente environ un quart de ta personnalité, ainsi que ta vitalité et ton essence profonde, il a toute son importance dans la manière dont tu vas exprimer tes désirs et tes pulsions ; il donne aussi de précieuses indications sur la façon dont fonctionne ta libido.

L'astrologie traditionnelle considère que les Soleil en Bélier et Scorpion sont les plus « chauds » du zodiaque et développent une libido flamboyante. S'il s'agit d'un cliché dû au fait que ces signes sont gouvernés par Mars, la planète des désirs et de la sexualité, cela peut s'avérer pour nombre de natifs de ces signes, même si les autres aspects interviennent bien sûr pour accentuer ou adoucir cette prédisposition. Les Soleil en Taureau et en Balance ont tendance à être les plus sensuels, ceux qui attirent le plus facilement le regard et l'envie des autres car ce sont les signes gouvernés par Vénus, la planète de la beauté. Enfin, les Soleil en Vierge et en Poissons auraient plus de mal à extérioriser leurs envies : la première est souvent perdue dans son mental et le second a toujours la tête dans les étoiles, même s'il est très romantique. Les autres signes seraient, a priori, équilibrés sur ce plan, même si, en tant que signes de feu, le Lion, très « territorial », et le Sagittaire, réputé très « coquin », ont un boost supplémentaire au niveau de leur sexualité.

À toi de voir si ces premières généralités correspondent à ton tempérament ou pas.

Vénus

Associée à la déesse Aphrodite, déesse de l'Amour et de la Beauté, Vénus est la planète de l'amour, de l'esthétisme et des valeurs morales, mais aussi de l'attirance physique. Le placement de Vénus va donc apporter des indications sur ta manière de séduire et d'aimer mais également sur le genre de personne qui t'attire sur le plan physique.

Pour un homme, le signe dans lequel se trouve Vénus représente souvent l'archétype féminin et les critères physiques qu'il va rechercher chez un·e partenaire.

Les deux grands groupes de Vénus compatibles :

BÉLIER	🜂	♡	🜁	BALANCE
LION	🜂	♡	🜁	GÉMEAUX
SAGITTAIRE	🜂	♡	🜁	VERSEAU
TAUREAU	🜃	♡	🜄	SCORPION
CAPRICORNE	🜃	♡	🜄	CANCER
VIERGE	🜃	♡	🜄	POISSONS

Croiser les deux groupes ci-dessus peut créer des incompatibilités sentimentales, affectives et parfois même du rejet au niveau physique. Néanmoins, si les Vénus des partenaires sont incompatibles, on va observer les placements de Mars (sur la base des mêmes groupes de compatibilités) pour voir s'ils rattrapent l'incompatibilité des Vénus. On peut également croiser les placements Vénus-Mars pour étudier leur compatibilité.

Mars

Planète de la combativité, de la compétition et de l'action, Mars est associée, dans la mythologie, au dieu Arès, qui est le dieu de la Guerre. En astrologie, cet astre renseigne sur le type de sexualité que tu vas rechercher, ce qui te stimule (par exemple : stimulation intellectuelle, par le toucher, par le goût...), comment tu vis ta libido et comment elle est perçue.

Pour une femme, le signe dans lequel se trouve Mars représente souvent l'archétype masculin et les critères physiques qu'elle va rechercher chez un·e partenaire.

- **MARS PLACÉE EN SIGNE DE FEU** (Bélier, Lion, Sagittaire) : attirance pour des personnes dynamiques, sportives, sûres d'elles et charismatiques.
- **MARS PLACÉE EN SIGNE DE TERRE** (Taureau, Vierge, Capricorne) : attirance pour des personnes élégantes, sérieuses, ambitieuses et travailleuses.
- **MARS PLACÉE EN SIGNE D'AIR** (Gémeaux, Balance, Verseau) : attirance pour des personnes créatives, éloquentes, drôles et sociables.
- **MARS PLACÉE EN SIGNE D'EAU** (Cancer, Scorpion, Poissons) : attirance pour des personnes sensibles, émotives, douces et spirituelles.

Maison 8

La maison 8 est la maison zodiacale qui correspond aux événements transformateurs de la vie tels que les crises, les deuils, les pertes, les héritages et tout principe d'évolution, mais elle est également un indicateur précieux sur la façon dont la personne aborde la sexualité et les pulsions au quotidien.

- **MAISON 8 EN SIGNE DE FEU** (Bélier, Lion, Sagittaire) : l'énergie du feu renforce et exalte la sexualité. Tu peux avoir une approche de la sexualité qui se veut directe, physique, dominante et influencée par l'envie d'explorer ton ou ta partenaire. La libido est généralement puissante, mais cela dépend également du maître de la maison 8 (voir s'il est bien ou mal aspecté).

- **MAISON 8 EN SIGNE DE TERRE** (Taureau, Vierge, Capricorne) : le comportement sexuel peut être routinier, notamment parce qu'il se veut sécurisant. Tu peux avoir tendance à lever les limites et les freins en instaurant des petites habitudes qui éveillent le désir en toi et en ton·ta partenaire. Tu as besoin d'être vraiment à l'aise avec l'autre pour sortir de ta zone de confort et tester de nouvelles choses.

- **MAISON 8 EN SIGNE D'AIR** (Gémeaux, Balance, Verseau) : le comportement sexuel se veut (très) curieux et harmonieux. Tu cherches à multiplier les expériences sensorielles pour trouver ton équilibre avec ton·ta partenaire et à sortir des conventions. Tu peux également avoir un goût prononcé pour la nouveauté. Généralement sans tabou, tu oseras facilement aborder le sujet au cours d'une conversation.

MAISON 8 EN SIGNE D'EAU (Cancer, Scorpion, Poissons) : le comportement sexuel est basé sur les émotions, ainsi que la fusion. Tu as besoin de te sentir connecté·e émotionnellement à l'autre avant de le·la laisser entrer dans ton intimité. Tu as besoin de ressentir que tu ne fais plus qu'un avec ton Autre, d'être en totale osmose. La romance et la sexualité ne font qu'un pour toi.

CINQ POSTURES DE YOGA POUR STIMULER TA LIBIDO

Les cinq postures que je te présente ici te permettent d'ouvrir ton chakra sacré – et donc de stimuler ta libido –, t'aident à t'ancrer et à te (re)connecter à l'instant présent. Ainsi, tu auras une meilleure conscience de ton corps et de ses mouvements. Elles sont accessibles à tout le monde, débutant·e ou non !

Posture de la guirlande ou MALASANA

Debout, lève les bras vers le ciel, puis descends en position accroupie. Tends les bras devant toi pour les joindre en prière devant le cœur. Tes coudes doivent entrer en contact avec tes genoux. Tu peux soulever tes talons si besoin ou les laisser posés au sol ; tout dépend de la flexibilité de tes chevilles. Dans tous les cas, ne force pas et écoute ton corps.

Posture du papillon (dynamique)

ou BADDHA KONASANA

Assis·e en tailleur, rapproche les plantes de tes pieds pour les coller l'une contre l'autre. Tes genoux sont pliés et tes cuisses parallèles au sol. Rapproche tes talons le plus près possible de tes fessiers, sans que cela soit inconfortable (respecte tes limites !). Saisis tes pieds et fait papillonner tes jambes à l'allure qui te convient en éloignant et rapprochant tes cuisses du sol, comme le battement d'ailes d'un papillon.

Posture du demi-pont

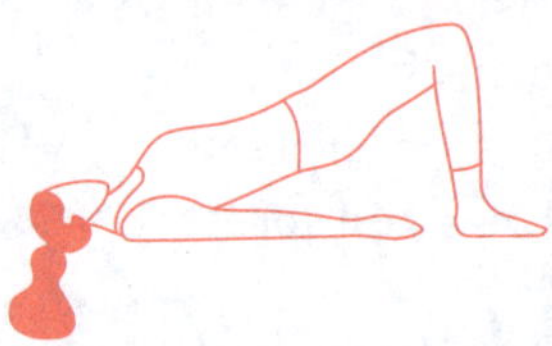

ou SETU BANDHASANA

En position couchée (savasana), dos sur le sol, plie les genoux et écarte-les à la largeur de tes hanches, pieds parallèles, en rapprochant les talons le plus près possible de tes fessiers. Inspire et soulève doucement le bassin pour décoller le bas de ton dos. Lorsque tu expires, repose tes hanches par terre et, dès que tu inspires, soulève à nouveau tes fesses. Tu peux répéter le mouvement autant de fois que tu le désires, voire maintenir la posture durant plusieurs respirations.

Posture de la déesse

ou UTKATA KONASANA

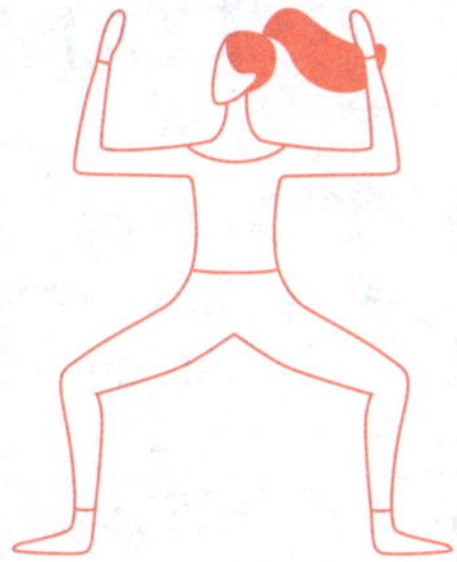

Debout, écarte largement les jambes, pose tes talons sur la même ligne, les pieds ouverts vers l'extérieur, et fléchis les jambes. Bascule ton bassin vers l'avant, rentre le nombril et garde la colonne vertébrale droite. Joins tes mains l'une contre l'autre en prière (anjali mudra), devant la poitrine. Si tu préfères, tu peux les poser sur les hanches ou soulever tes bras pour les positionner parallèles au sol. Les genoux doivent être alignés aux talons, le tout est sur une même ligne et les coudes sont vers l'extérieur dans tous les cas. Tiens la posture pendant deux à trois respirations.

Posture du triangle

ou TRIKÔNASANA

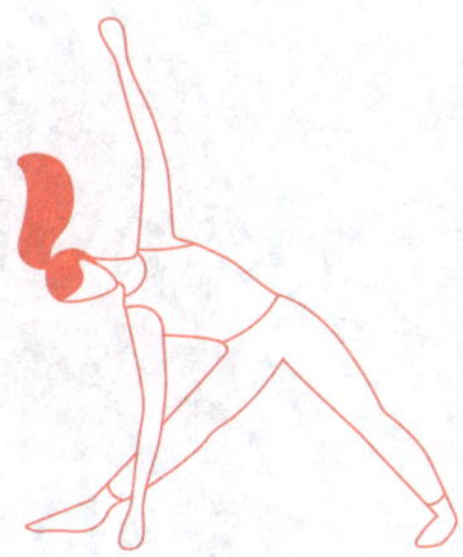

Debout, écarte les jambes à la largeur de tes épaules, avec le dos droit et les mains sur les hanches. Un pied est tourné vers le haut du tapis, l'autre est ouvert à 90 degrés. Les deux talons doivent être sur la même ligne et les hanches restent bien de face, c'est-à-dire dans l'alignement de tes épaules. Inspire et tends les bras, parallèles au sol, paumes vers le bas. Expire et, à partir du bassin, laisse ton torse descendre doucement pour le positionner de manière à être parallèle au sol. Fléchis ta jambe avant (droite ou gauche, selon ton choix) et glisse une main du même côté. Tu peux placer la paume sur la cheville, le tibia ou directement sur le sol, à côté du gros orteil, si tu es à l'aise. Répète le tout de l'autre côté.

Le saviez-vous ?

TANTRA ET *SLOW SEX*

Le tantrisme est une doctrine indienne issue de l'hindouisme et du taoïsme, qui s'appuie sur le principe du « tantra », terme qui désigne l'énergie spirituelle que nous possédons tou·te·s en nous. C'est une porte qui mène directement à la conscience, c'est la voie royale. Cette manière de voir l'union des corps met en exergue le fait de créer un sentiment de désir de plus en plus fort qui sert à faire grimper l'énergie sexuelle entre les deux partenaires. Le sexe tantrique propose toute une série de méthodes et d'exercices pour éveiller les sens et les perceptions des deux partenaires, que ce soit le goût, l'odorat, le toucher, l'ouïe ou encore la vue afin de favoriser la fusion des corps et des âmes pour atteindre l'orgasme, l'extase, de l'esprit au-delà de celui du corps.

LES ÉTAPES DU SEXE TANTRIQUE

VIVRE LE SEXE EN PLEINE CONSCIENCE

Avant toute chose, la pratique tantrique passe par un accord tacite entre les partenaires pour que l'acte entier se déroule en douceur, avec lenteur et en étant attentif·ve à chaque geste, dans le respect absolu du rythme et des ressentis de chacun·e. C'est une technique qui sert à ressentir pleinement et à ritualiser l'acte sexuel.

POSER LE CADRE

C'est important de créer un contexte propice à cette pratique particulière. On dit oui aux bougies, à la musique douce, aux massages aux huiles, aux longs regards et aux baisers langoureux. Il convient également de prendre le temps – surtout, on ne se presse pas – et de se préserver de toute intrusion extérieure – hors de question d'être dérangé·e·s !

MÉDITATION ET RESPIRATION

Limiter le tantrisme à l'acte sexuel pénétratif serait extrêmement réducteur ; comme on cherche à unir les âmes, on va veiller à observer la respiration de l'autre pour se calquer dessus, à prendre le temps de caresser et honorer son corps, de découvrir de nouvelles parties de lui ou d'elle. On ne cesse de se toucher et d'expérimenter à deux, pour être pleinement connecté·e à ses propres ressentis et à ceux de l'autre.

LE CHEMIN PLUTÔT QUE LA DESTINATION

Dans cette pratique, c'est le moment présent qui est mis en avant. Le fait de se connecter à l'autre, à son énergie, à son âme, à ses désirs, intensifie toutes les sensations physiques, ce qui conduit à un orgasme très fort et puissant. Néanmoins, le réel objectif du sexe tantrique n'est pas d'augmenter son plaisir sexuel, c'est avant tout d'apprendre à mieux connaître son corps, celui de son·sa partenaire et de développer la complicité entre vous.

RITUEL

Bain sacré

Voici un rituel pour te connecter à ton corps et travailler ton ancrage, tout en te relaxant et en prenant soin de toi.

Tu peux réaliser ce rituel un jour de nouvelle ou pleine Lune, mais aussi dès que tu sens le besoin de relâcher toute tension superflue.

CE DONT TU AS BESOIN :

- Un demi-bol de sel de la mer Morte ou de sel d'Himalaya
- Quelques tiges de lavande séchée
- Quelques pierres de quartz rose, d'améthyste et/ou de cristal de roche
- Des bougies à disposer autour de la baignoire
- Cinq à six gouttes d'huile essentielle (de ton choix)

ET SI TU LE DÉSIRES :

- Des pétales de fleurs séchées
- Des herbes supplémentaires (romarin, basilic, gingembre)

Fais couler l'eau de ton bain à la température qui te convient puis ajoutes-y le sel, les tiges de lavande, l'huile essentielle ainsi que les pétales séchés et les herbes. Tu peux également plonger les pierres dans l'eau ou bien les placer autour de toi. Dispose les bougies dans ta salle de bains et allume-les en posant une intention qui t'est propre.

Glisse-toi dans le bain pendant dix à quinze minutes et ferme les yeux pour visualiser ton rêve ou ton objectif du moment, avec le plus de précisions et de détails possibles. Imagine que tu l'as accompli, que tu l'as réussi, et réponds à ces trois questions :

- Comment te sens-tu, quels sentiments te parcourent ?
- Comment fêtes-tu cette réussite, avec qui partages-tu tes bonnes énergies en premier lieu ?
- Quelles sont tes nouvelles priorités une fois cet objectif atteint ?

Ensuite, pense à trois choses pour lesquelles tu es reconnaissant·e et plein·e de gratitude. Tu peux les écrire dans un journal, les dire tout haut ou te les répéter plusieurs fois.

Enfin, prends le temps que tu désires pour profiter de ce moment que tu t'offres (tu peux lire, écouter de la musique, etc.) ou juste te prélasser. Et sors de ton bain quand tu es prêt·e !

LE *DATE*, UN RITUEL DE PASSAGE DE SOI À L'AUTRE

Le *date* amoureux, et particulièrement le tout premier, est un événement qui peut susciter autant de joie que d'appréhension. Il peut même faire ressortir d'anciens traumatismes, des blessures et des facettes de ta personnalité que tu ne soupçonnais pas (ou plus) chez toi.

Pour aborder le plus sereinement possible cette rencontre et te permettre de « *glow up* », d'être au top de ta forme pour ce rendez-vous amoureux, je t'invite à voir cela comme un rituel de passage de toi à l'autre. Car, lors de ce moment, tu pars à la rencontre d'un nouveau territoire, de l'inconnu, tu sors totalement de ta zone de confort. Que ce rendez-vous en entraîne d'autres, aboutisse à une histoire d'amour ou à un simple « bonjour – au revoir », c'est une fabuleuse aventure que tu t'offres à toi-même! En effet, chaque personne que tu croises sur ta route vient mettre en lumière une partie de toi et de ta personnalité qui demande à être travaillée, assumée et dévoilée au grand jour ; plus tu t'ouvres au monde et aux autres, et plus tu peux évoluer et découvrir toute ta richesse intérieure.

À toi de ritualiser la demi-heure ou l'heure qui précède ton rendez-vous, en te chouchoutant, en prenant soin de toi et en te pomponnant pour te sentir confiant·e et serein·e au moment de franchir le pas de ta porte !

NB : N'hésite pas à créer ton rituel sur mesure en t'inspirant de ceux proposés tout au long de cet ouvrage.

Version célibataire :

MES PETITS CONSEILS AVANT UN PREMIER RENDEZ-VOUS

- Le but de ce rencard n'est pas de trouver à tout prix *THE* partenaire avec qui tu vas vivre heureux·se jusqu'à la fin de tes jours. Le réel objectif de cette entrevue est d'aller à la rencontre d'une autre personne, d'une âme qui viendra activer ton taux vibratoire d'une manière ou d'une autre. C'est l'occasion d'ajouter une personne à ton carnet d'adresses, peu importe si tu souhaites aller plus loin avec lui·elle ou pas, donc *no stress* et on relâche la pression : tu ne vas pas forcément rencontrer celui·celle avec qui tu vas passer les trente prochaines années de ta vie !

- Cette première entrevue est censée se focaliser sur une discussion qui va permettre d'établir une connexion entre toi et un autre être humain. La communication est donc la clé ! Inutile de jouer un double jeu en essayant d'être hyprabavard·e pour te faire bien voir ou de te forcer à combler les blancs. Ne surjoue pas, sois fidèle à toi-même, c'est le meilleur cadeau que tu pourras faire à l'autre – et à ton propre cœur.

- Reste naturel·le, choisis une tenue dans laquelle tu te sens à l'aise, dans ton style à toi. Arbore ton masque le plus authentique, même si tu souhaites jouer de ta séduction et te sentir attirant·e. Ce n'est pas un concours de beauté, mais une chance de te percevoir à travers les yeux d'autrui, sous ton plus beau jour.

- Ne t'angoisse pas en te demandant « Qui va payer ? » ou en songeant « Et si on n'a rien à se dire ? » Laisse-toi aller, vas-y au feeling ! Le reste se fera naturellement. Si cette personne est faite pour toi, tout ira bien. Et si ce n'est pas le cas, tu apprendras une leçon de vie et tu pourras ajuster le profil de partenaire que tu recherches.

- Oui, tu peux parler de ta vie personnelle et de qui tu es sans entrer dans les détails. Mais pour établir une vraie connexion il faudra donner un minimum de toi et de ta personne. Tu laisses quelqu'un entrer dans un chapitre de ta vie, aussi drôle ou intime soit-il !

- N'oublie jamais que la personne qui est en face de toi est tout aussi stressée que toi ! Alors si un blanc survient au cours de la discussion, une maladresse, un moment ambigu ou autre… ce n'est pas grave. Vous êtes humain·e·s, tout simplement !

- N'en fais pas tout un plat si tu n'as pas de nouvelles de lui·elle le lendemain ! Si tu n'as pas d'appel téléphonique ou de message… Parfois, il faut le temps d'intégrer et de laisser retomber les émotions pour faire le tri dans ses pensées et voir si vous décidez de vous revoir par la suite ou pas. Et si ça s'arrête là, c'est que cette personne ne devait pas s'installer durablement dans ton histoire : garde confiance dans ce que la vie a prévu pour toi.

Version couple :

REJOUEZ VOTRE RENCONTRE POUR RAVIVER LA FLAMME

Si tu es en couple depuis un moment, que l'ambiance entre vous est tendue, que vous sortez d'un conflit ou même tout simplement que vous voulez faire une sortie originale à deux…, prenez le temps de rejouer votre premier rendez-vous. Pour de vrai.

Préparez-vous chacun avec soin, comme si vous ne connaissiez pas encore votre binôme.

Donnez-vous rendez-vous à l'extérieur (ce peut être l'endroit de votre premier rendez-vous ou un nouveau lieu), sans y aller ensemble !

Présentez-vous comme si vous veniez tout juste de vous rencontrer.

Posez-vous de vraies questions, approfondissez-les et apprenez des choses que vous ignoriez encore jusque-là sur votre +1.

Continuez la soirée à votre guise. Oserez-vous vous embrasser ?

Promis, ce petit jeu peut être très surprenant, amusant et vous permettre de vous retrouver dans la plus belle des intimités. C'est testé et approuvé à 200 % ! ☺

L'ACCEPTATION DU CORPS, SELON SOI ET LE REGARD DE SON·SA +1

Je ne le répéterai sûrement pas assez au cours de cet ouvrage, mais pour rappel, ma chère étoile, tu ne peux pas te sentir parfaitement bien avec ton·ta +1 si tu ne te sens pas bien avec toi-même (un minimum). On est bien d'accord que c'est plus simple à dire qu'à faire ! Oui, c'est normal d'avoir des coups de mou, des jours « sans », des complexes à certains endroits (de ton corps ou de ton mental), même si tu travailles à une amélioration et que tu fais de ton mieux pour te sentir bien dans ta peau. Néanmoins, certains comportements peuvent vite devenir nocifs, pour toi et/ou pour l'autre. Voici quelques-unes des alertes à garder en tête.

Red flags

- Tu te sens sous pression au sein de la relation
- Tu redoutes le fait de te mettre nu·e devant ton·ta partenaire car tu as peur de ses moqueries
- Ton·ta partenaire te culpabilise dès que tu sors avec ton entourage ou que tu fais une activité personnelle
- Toi et/ou ton·ta +1 vous engagez trop rapidement émotionnellement, sans aucune prise de recul et sans réflexion
- Tu ne parviens pas à communiquer avec ton binôme, peu importe les moyens utilisés
- Tu as l'impression de t'impliquer plus et d'aimer ton·ta partenaire plus qu'il·elle ne t'aime en retour
- Tu n'arrives pas à te projeter sur le long terme car il·elle refuse d'aborder des sujets qui te tiennent à cœur pour votre avenir

Le mot de Shana

Un·e vrai·e partenaire est là pour te soutenir, t'accepter tel·le que tu es et toujours prendre soin de partager ce qu'il·elle pense avec gentillesse et bienveillance. S'il·elle n'est pas responsable de ton bien-être et de ton épanouissement, il·elle peut y contribuer ! Car c'est toi, et toi seul·e, qui es responsable de la fabrication du délicieux gâteau de ta vie ; ton amoureux·se est la cerise sur le gâteau qui vient apporter une saveur différente. C'est le petit truc en plus, grâce auquel tu te sens encore plus comblé·e, mais dont tu peux aussi te passer car tu as déjà un magnifique gâteau qui n'appartient qu'à toi !

EXERCICES
EN DUO

Si le regard de l'autre n'est pas nécessaire pour s'aimer et se sentir bien dans son corps, il peut quand même contribuer à booster ta confiance en toi et à adoucir ta perception de ton corps. Pour favoriser ce phénomène, voici deux petits exercices à réaliser à deux.

Me voir à travers
TES YEUX

Installez-vous dans une pièce calme, en tamisant les lumières, en coupant vos téléphones et en éteignant tous les écrans à proximité. Vous pouvez lancer une douce musique en guise de fond sonore et allumer des bougies.

Prenez tou·te·s deux une feuille de papier, de quoi écrire, votre bonne humeur et une dose d'amour.

Chacun·e votre tour, vous allez poser une question ; la personne à qui la question est posée écrit sa réponse sur le papier puis pose la question suivante et ainsi de suite. Chacun·e doit lire ses réponses à voix haute.

On ajoute une petite difficulté ? Vous devez mettre un minuteur et tenter, l'un et l'autre, d'exprimer en deux minutes la première pensée ou sensation que vous évoque la question posée. Lorsque le minuteur bipe, vous devez obligatoirement poser le stylo et lire la réponse, même si vous n'avez pas fini d'écrire. Vous pourrez continuer à discuter ou à argumenter si le cœur vous en dit, et si vous avez réussi à attiser la curiosité et l'envie de votre Autre.

Questions (n'hésite pas à compléter cette liste avec tes propres idées !)

- Qu'as-tu pensé de moi la première fois que tu m'as vu·e ?
- Te rappelles-tu ce que je portais ce jour-là ?
- Qu'as-tu aimé en premier chez moi ?
- Quelles sont les trois parties de mon corps que tu préfères ?
- Si tu devais écrire un poème en hommage à une partie de mon corps, ce serait...
- Y a-t-il un fantasme que tu aimerais réaliser avec moi ?

- Comment me décrirais-tu à une personne qui ne m'a jamais vu·e ?
- Est-ce qu'il y a une partie de ton corps qui te complexait et que je t'ai aidé·e à aimer ?
- Qu'est-ce que tu aimes le plus dans notre relation actuelle ?
- Si tu devais rejouer notre premier rencard, que modifierais-tu ? Pourquoi ?
- Quels sont les trois traits de caractère que tu préfères chez moi ?
- Si tu ne devais en garder qu'un, ce serait lequel ? Pourquoi ?
- Que souhaiterais-tu me dire, là, maintenant et simplement ?

NB : Si tu es célibataire, tu peux aussi faire cet exercice, en adaptant les questions (bien sûr), avec un·e ami·e proche pour vous inviter à partager ce que vous aimez et appréciez l'un·e chez l'autre !

Regarde-moi

DANS LES YEUX, SI TU L'OSES

Si vous souhaitez aller plus loin dans cette (re)connexion à deux, je vous invite à vous prêter à un jeu qui mobilise davantage vos corps.

Comme pour l'exercice précédent, créez un cadre *cocooning*, intimiste et romantique ; vous pouvez même allumer des bougies supplémentaires ou vous servir un verre de vin si ce n'est pas déjà fait !

Chacun·e votre tour, choisissez une tenue dans laquelle vous vous sentez à l'aise et séduisant·e, puis défilez devant votre partenaire. Demandez à l'autre de vous dire :

- ce qu'il·elle aime dans cette tenue ;

- de quelle façon cette tenue te met en valeur (est-ce le tissu ? la coupe ? la couleur ?) ;
- ce qu'il·elle modifierait dans cette tenue pour qu'elle te mette encore plus à ton avantage ;
- à quelle personnalité (fictive ou réelle) tu ressembles ;
- quel vêtement il·elle souhaiterait te retirer en premier ;
- quel vêtement il·elle enlèverait pour découvrir la partie du corps qu'il·elle préfère chez toi et pourquoi il·elle la préfère.

Si l'argumentation est convaincante et que tu te sens à l'aise, tu peux retirer le vêtement qu'il.elle a désigné, et ainsi de suite jusqu'à être complètement nu.e ! Si sa réponse manque de précision, garde le vêtement jusqu'à ce qu'il.elle trouve les mots justes pour te donner envie de l'enlever. Ce processus est à répéter pour chaque vêtement enlevé.

Le but du jeu est que vous vous retrouviez tou·te·s les deux nu·e·s et parfaitement à l'aise sous le regard de l'autre.

POUR PLUS DE PIMENT :

- Osez les caresses ! C'est celui·elle qui demande à l'autre de se découvrir qui se charge de le·la déshabiller, en prenant le temps de toucher la peau de son·sa bien-aimé·e.
- Dégustez des fruits et des petits chocolats, en les portant à la bouche de l'autre, à tour de rôle.
- Faites des mouvements lents à chaque vêtement enlevé, ondulez sensuellement, dansez si vous en avez envie : laissez parler vos corps et votre sensualité !

Je partage avec vous

La reconnexion
À MON CORPS

Pendant des années, j'ai éprouvé beaucoup de colère, voire de haine, et de tristesse envers mon temple sacré. Mes courbes, mes cicatrices, mes taches de naissance, mes vergetures, mes poils, mes insécurités… me rendaient malheureuse, et je n'avais pas confiance en mon potentiel unique. Comme de (trop) nombreuses femmes, j'ai fait des tas de régimes draconiens et même de l'exercice à outrance pour perdre les kilos que je jugeais superflus. Lorsque j'ai enfin atteint mon objectif, je n'étais toujours pas heureuse. Parce que, intérieurement, je nourrissais mes parts d'ombre et non mes parts de lumière : mon obsession du poids étant résolue à force de privations, mon attention négative s'était déplacée sur une autre partie de mon corps que je voulais modifier, changer. C'est en apprenant à valoriser mes points forts (sur les plans professionnel, relationnel et physique) que j'ai réellement appris à m'aimer. Tout naturellement, j'ai repris quelques kilos et j'ai récupéré mes courbes – auparavant tant détestées ! –, sans lesquelles je ne me reconnais pas et ne me sens pas moi-même. Ma silhouette ne m'a jamais paru plus alignée avec qui je suis – intérieurement – et confortable qu'aujourd'hui. J'ai appris à nourrir ma confiance en moi sur d'autres plans, à changer le regard que je porte sur mon corps, pour aujourd'hui être fière de la force et de la résilience de cette enveloppe charnelle qui en a vu de toutes les couleurs depuis le jour où elle a accepté d'accueillir mon âme. Aujourd'hui, tous ces éléments qui étaient source de complexes font à mes yeux toute la beauté de ce corps qui me porte et me permet de goûter à cette vie, pleine d'expériences et de découvertes. Je l'aime aujourd'hui comme je ne l'ai jamais aimé auparavant ! Et comme le positif attire le positif, ce n'est que lorsque j'ai été bien dans mon corps, et avec moi-même, que j'ai pu accueillir l'amour de l'étoile numéro un de mon cœur.

L'union DE DEUX CORPS

Ce serait mentir que de dire que la présence de mon chéri ne m'a rien apporté sur le plan de la confiance en moi. Je me rappelle avoir été surprise de l'aisance avec laquelle mon partenaire pouvait se balader nu devant moi, dès le tout début de notre relation, et ce même lorsque nous n'avions encore aucun rapport intime. Cela m'a mise à l'aise avec mon corps et, petit à petit, ma pudeur a laissé place à du confort. La nudité s'est muée en quelque chose de nouveau, en une complicité... bien loin de l'idée que nudité = sexualité.

Avec du recul, j'ai compris que cette aisance, qui s'est très tôt installée entre nous deux, est liée au fait que nos âmes ont pris le temps de se connaître avant même que nos corps ne se rapprochent l'un de l'autre. Car nous avons été amis bien avant d'être amoureux puis amants. Hélas, dans notre société, on fait souvent les choses avec précipitation ! Alors que, parfois, apprendre à connaître son corps, celui de l'autre, et prendre le temps de discuter ouvertement de ses complexes et de ses insécurités, avant même de passer à l'acte, permet d'installer un cadre serein et épanouissant au sein du couple.

SELF-LOVE TRACKING

J'évalue mes progrès, pas à pas

Voici un tableau qui te permettra de suivre tes progrès ! Pourquoi est-ce intéressant de le remplir ? Pour voir si tu t'écoutes, si tu prends le temps, chaque jour, de faire une activité qui te fait plaisir, à toi. Il te donnera la possibilité de réévaluer ta routine quotidienne et de l'ajuster si nécessaire. N'hésite pas à le recopier pour l'utiliser chaque semaine !

ACTIVITÉS	L	M	M	J	V	S	D
Boire 2 litres d'eau							
Dormir 8 heures							
Pratiquer 10 minutes de yoga							
Porter une pierre							
Me balader en pleine nature							
Courir ou faire de la musculation							
Lire							
Méditer							
Rire							
Prendre soin de mes cheveux, me coiffer							
Me serrer dans mes bras							
Faire un masque hydratant							
Réaliser un automassage							
Manger quelque chose de sain							
....							
....							
....							

POÈME ASTRAL

Mon cœur est un lieu immense où mes émotions
Dansent le plus beau des ballets et chantent à l'unisson
Elles me guident vers mon intuition
Elles résonnent dans ma poitrine et augmentent ma vibration
Parfois, j'en ris, parfois, j'en ai le souffle coupé, la tête à l'envers
Hélas, je ne compte plus les fois où ce cœur est tombé par terre
Tel un vaillant solitaire
À la recherche de l'amour légendaire

L'AMOUR du Cœur

Ma chère étoile, tu n'as pas besoin de trouver l'amour. Tu n'as pas besoin de le chercher à tout prix, à tout-va. Car l'amour est déjà là. En toi.

Tu incarnes l'amour.

Tu es né·e à travers lui, fruit de l'union de tes aîné·e·s ; tu es un fragment de la source, cette énergie d'amour infini, dans ce vaste Univers.

Cet amour est partout autour de toi, mais il se concentre tout particulièrement en un endroit bien spécifique de ton corps : ton cœur. Qui bat à chaque minute, à chaque seconde. Un peu plus fort parfois, un peu plus lentement à d'autres moments.

Est-ce que tu prends le temps de l'écouter ?

As-tu déjà placé ta main sur ta poitrine pour sentir ses pulsations et ses battements rythmés – et si chaleureux ? Parfois, tu peux oublier son existence, tout simplement parce que tu as l'habitude qu'il soit là, fonctionnel et toujours présent pour te soutenir quand il le faut. Comme un partenaire de longue date sur qui on sait qu'on pourra toujours compter… Mais, quand tu le négliges, il te rappelle sévèrement qu'il existe et que tu dois en prendre soin.

Souviens-toi de ce moment où tu as eu le cœur brisé, où il s'est serré si fort que tu avais du mal à respirer. Ou encore de ce moment où tu as cru qu'il allait exploser de joie lorsque tu as fait une déclaration importante à quelqu'un·e qui t'était chèr·e.

Comme le dit Hauru dans le magnifique film d'animation du Studio Ghibli *Le Château ambulant* : « Un cœur, c'est lourd à porter. » Car il est la preuve même que tu es vivant·e et que ton âme s'est incarnée dans une enveloppe charnelle. Le cœur est le principal organe vital du corps. Sans lui, il n'y a plus de vie. Il n'y a plus de sang qui circule à travers ton corps, il n'y a plus d'énergie, ni d'amour. Cet organe en forme de pyramide inversée à trois faces est l'outil magique qui fait fonctionner correctement ton système individuel.

Il est donc nécessaire d'en prendre soin, de le respecter, de le protéger et de le nourrir pour qu'il puisse continuer à s'épanouir au creux de ta poitrine et qu'il rayonne à travers chacun de tes gestes quotidiens. Ton cœur est ta plus grande richesse, ne l'oublie jamais.

Avant de débuter cette partie dédiée à la (re)connexion à ton cœur, je t'invite à lui adresser le plus beau des messages, à voix haute :

« CHER CŒUR, MERCI POUR TOUT.

DÈS AUJOURD'HUI, JE T'ÉCOUTERAI DAVANTAGE

ET J'HONORERAI TA CONNEXION AUX CŒURS
DES BELLES ÂMES QUI CROISENT MA ROUTE.

JE T'AUTORISE À ME REMPLIR D'AMOUR
ET À ME GUIDER DANS TOUS MES CHOIX
DU QUOTIDIEN.

AU RYTHME DE TES BATTEMENTS,
JE BOUGE ET DANSE
GRACIEUSEMENT.

GRÂCE À TOI, JE SAIS QUE J'AI,
EN MOI,
UNE RÉSERVE INFINIE
D'AMOUR À PARTAGER. »

MES BESOINS AFFECTIFS ET SENTIMENTAUX SELON MA LUNE

Comme on l'a vu ensemble, l'astrologie karmique considère que la Lune représente l'âme qui est descendue sur Terre à un instant T. Dès lors que tu partages le même signe lunaire avec une autre personne, vous faites partie d'une même famille d'âmes, car vos âmes dansent et vibrent sur des énergies similaires.

FAMILLE D'ÂMES : *désigne un ensemble d'âmes qui s'incarnent très souvent ensemble parce qu'elles partagent un karma similaire ou parce qu'elles ont un apprentissage collectif (et quasi identique) à vivre.*

Tout comme ton signe astrologique (solaire) ou encore ton ascendant, ton signe lunaire est un indicateur important de la construction de ta personnalité. Il représente la part la plus intime et cachée de ton tempérament, notamment les émotions, les besoins et les affects que tu ne dévoiles qu'aux personnes les plus proches de toi : famille, amis de longue date, partenaire(s) de cœur...

D'ailleurs, il est intéressant de se pencher sur la terminologie utilisée pour faire les rapprochements entre les émotions, les « humeurs », et cet astre intrigant et mystérieux.

En effet, en anglais le mot « *moon* » (lune) et « *mood* » (humeur) partagent une étymologie commune. Dans la langue française, nombreuses sont les expressions autour de la Lune qui font référence aux émotions et à l'humeur des gens ! On parle du fait d'être dans la lune quand une personne est plongée dans ses pensées, de tomber de la Lune, lorsqu'on est face à une émotion intense, de demander la lune, quand on fait part de besoins exigeants, ou encore de lune de miel, pour un couple de jeunes mariés qui s'en vont célébrer leur amour en toute intimité. Et, bien sûr, « être lunatique » renvoie à un tempérament changeant et instable en fonction des humeurs du jour. On notera d'ailleurs que l'anglais emploie également le terme « *lunatic* » pour désigner une personne qui a des troubles du comportement*.

Aussi, en tant qu'astre qui incarne le féminin, la Lune représente-t-elle également quel type de femme tu es ou quelle est ta part féminine, si tu te définis comme un homme. Elle vient également donner des indications sur ta figure maternelle, sur la relation que tu entretiens avec elle et sur le type de parent que tu pourrais devenir, à ton tour, sur ton chemin de vie.

* Référence : *Révolution lunaire*, Karine Winsz, éditions Leduc.

Lune EN BÉLIER

TES ÉMOTIONS : elles sont vives, intenses et impulsives. Tu n'apprécies pas la routine et tu réclames ta franche indépendance. Tu bouges beaucoup au quotidien et, si ce n'est pas encore le cas, il t'est conseillé d'extérioriser le trop-plein à travers le sport. Tu as un fort caractère et tu manques parfois de diplomatie.
TA RELATION À LA FÉMINITÉ : tu vis ta féminité telle une amazone qui se bat pour ses convictions et pour ce qu'elle estime être juste. Tu vibres fort et tu ne laisses personne te dicter ta conduite ou tes choix. Ton énergie masculine s'exprime à travers des activités que tu pratiques au quotidien (sport, etc.) et ta manière d'agir sur une impulsion.
TON ARCHÉTYPE DE LA MÈRE : c'est sans conteste celle d'une combattante, d'une pionnière, d'une activiste qui est capable de défendre sa vie avec courage, quelle que soit la situation qui se présente à elle.
FAMILLE D'ÂMES : Guerriers.

Lune EN TAUREAU

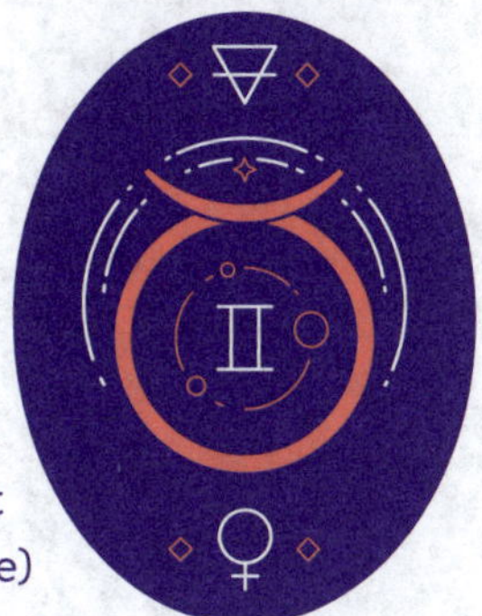

TES ÉMOTIONS : elles sont douces, tempérées et stables. Tu es confiant·e et aimable envers ceux et celles qui croisent ta route. Tu aimes (et tu as besoin de) prendre soin de ton cocon, organiser des repas avec tes

proches, et tu as le sens de l'accueil. Tu fais preuve de bonté et de dévouement, mais tu as un grand besoin de sécurité émotionnelle.
TA RELATION À LA FÉMINITÉ : tu es là pour instaurer la paix et construire des fondations stables. Tu es une personne qui nourrit les autres (sur le plan émotionnel et physique), qui les accompagne en douceur et qui leur permet de garder les pieds sur terre. Ta féminité se manifeste à travers ta volupté et ton rapport à la nature.
TON ARCHÉTYPE DE LA MÈRE : c'est une bâtisseuse, une constructrice, qui prouve son attachement et sa fidélité au quotidien. C'est une maman poule qui est fidèle à son image traditionnelle.
FAMILLE D'ÂMES : Bâtisseurs.

Lune EN GÉMEAUX

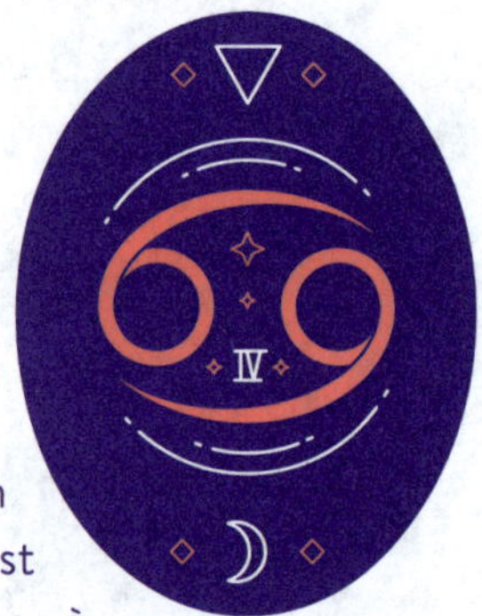

TES ÉMOTIONS : elles fonctionnent de pair avec ta communication et ta parole. Tu as besoin d'entrer en communion avec autrui. Tu as la parole facile, et c'est ainsi que tu défends le mieux tes idées. Tu as tendance à être lunatique et d'humeur extrêmement changeante. Souvent nerveux·se et stressé·e, tu es facilement sous tension, malgré ton apparence cool et *chill*.
TA RELATION À LA FÉMINITÉ : l'apparence physique est très importante selon toi. Ta féminité s'affirme à travers la mode, le maquillage ou encore ta gestuelle, ton attitude et ta façon de parler avec les autres. Tu aimes être distingué·e et montrer qu'avoir une excellente répartie est très séduisant.
TON ARCHÉTYPE DE LA MÈRE : c'est une reporter, une journaliste, une rapporteuse d'informations capitales, elle pourrait également être aventurière. Elle est éloquente et curieuse de tout. Elle te

raconte des anecdotes de la vie quotidienne et des histoires passionnantes pour que tu t'endormes.
FAMILLE D'ÂMES : Communicants.

Lune EN CANCER

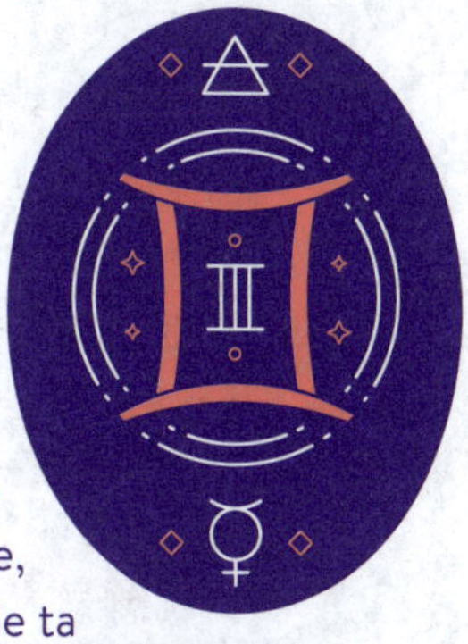

TES ÉMOTIONS : elles sont omniprésentes dans ton quotidien, car tu es hypersensible. C'est pour cela que tu peux te montrer susceptible, voire imprévisible, surtout dans ton intimité. Tu peux subir l'influence de ta famille car c'est, à tes yeux, ton pilier fondamental. Tu adores vivre en groupe, mais tu dois veiller à laisser la place à tes propres émotions, et pas uniquement à celles des autres, et apprendre à t'affirmer davantage.
TA RELATION À LA FÉMINITÉ : vrai·e émotif·ve, tu es maternant·e, et ta féminité prend une part énorme dans la construction de ta personnalité. En effet, tu es connecté·e à tes émotions et tu te laisses souvent porter par elles ; elles s'expriment à travers ta manière de prendre soin des autres, mais aussi de toi-même en te chouchoutant et en veillant à ton espace personnel et ton bien-être.
TON ARCHÉTYPE DE LA MÈRE : c'est une femme très attachée à son foyer, à son cocon et qui maintient avant tout la cohésion entre les membres de la famille. C'est une matriarche, le pilier central du réseau familial. Elle est à l'écoute, elle est empathique et elle devine les choses avant même qu'elles ne se produisent.
FAMILLE D'ÂMES : Initiateurs.

Lune EN LION

TES ÉMOTIONS : elles sont chaleureuses et passionnées. Tu as des valeurs fortes, et la loyauté, la sincérité et la générosité sont au cœur de ta vie. Très protecteur·trice envers ceux et celles que tu chéris, tu sais sortir les griffes et tu peux même parfois te montrer envahissant·e ! Tu as besoin de beaucoup d'attention, mais tu rends toujours la pareille.

TA RELATION À LA FÉMINITÉ : tu incarnes ta propre définition de la féminité et tu sais comment honorer et respecter ta déesse intérieure. On dira même que tu es né·e pour ça. Tu adores te montrer extravagant·e, sûr·e de toi et plein·e de ressources. Tu n'hésites pas à jouer avec ton apparence pour attirer les regards et faire preuve de créativité.

TON ARCHÉTYPE DE LA MÈRE : c'est une artiste, une danseuse, une actrice ou encore une peintre qui ose s'exprimer telle qu'elle est, exposer son originalité, et qui n'a pas peur du regard des autres. C'est une mère aimante, loyale et protectrice.

FAMILLE D'ÂMES : Maîtres.

Lune EN VIERGE

TES ÉMOTIONS : elles sont voilées par la pudeur, elles sont discrètes et maîtrisées. Tu es facilement inquiet·ète et tu n'apprécies pas qu'on chamboule ta routine quotidienne, mais tu sais te montrer serviable et dévoué·e. D'ailleurs, tu as un grand besoin de te sentir utile au quotidien.

TA RELATION À LA FÉMINITÉ : tu vis ta féminité à travers la douceur et le respect des valeurs. Tu apportes volontiers ton aide à autrui, mais tu as aussi besoin de temps calme pour flâner et te recentrer sur toi-même, loin de tout. Aux yeux des autres, tu inspires la féminité et la beauté.

TON ARCHÉTYPE DE LA MÈRE : c'est une travailleuse économe. Elle a un sens de la critique très développé, pour le meilleur et pour le pire, mais elle sait apporter des bons conseils quand il le faut. Elle te guide lorsque tu perds tes repères.

FAMILLE D'ÂMES : Guérisseurs.

Lune EN BALANCE

TES ÉMOTIONS : elles sont douces, guidées par la compréhension et la prévenance. Tu as de belles aptitudes relationnelles et tu sais comment t'adapter aux autres. Tu es conciliant·e, aimable et agréable. Tu peux avoir tendance à être indécis·e et dépendant·e sur le plan affectif. Tu dois apprendre à protéger ton cœur et à faire ce qui te semble être le plus juste pour toi.

TA RELATION À LA FÉMINITÉ : tu es extrêmement féminin·e, tu as un sens de l'esthétique hors pair et tu as besoin de séduire par ton physique. Tu aimes jouer de tes atouts, tu es une vraie diva qui aime faire chavirer les cœurs ! Mais tu as aussi besoin de simplicité.

TON ARCHÉTYPE DE LA MÈRE : elle est bien entourée et elle a réussi à conserver énormément de liens au fil des années. Elle a une vie de couple harmonieuse et elle est toujours là pour apporter des conseils « love » à qui le voudra.

FAMILLE D'ÂMES : Artisans de la Paix.

Lune EN SCORPION

TES ÉMOTIONS : elles sont puissantes, vives et parfois même brutales. Tu as le goût du mystère, du secret, ainsi qu'une imagination débordante. La passion et toi, vous ne faites qu'un. Tu es très sensible, réceptif·ve, mais tu peux avoir des réactions totalement imprévisibles et difficiles à vivre (pour les autres, mais pour toi-même aussi). Tu glisses facilement vers les extrêmes.
TA RELATION À LA FÉMINITÉ : tu es sensuel·le, magnétique et mystérieux·se, et tu cultives secrètement ce pouvoir de séduction. Très intuitif·ve, tu as parfois des ressentis inexplicables. Tu sais ce que tu veux et pourquoi tu te bats au quotidien. Pour toi, la vie doit être vécue avec intensité.
TON ARCHÉTYPE DE LA MÈRE : c'est celle qui entretient une relation fusionnelle avec son conjoint et ses enfants. Elle est intuitive, instinctive et elle se montre à l'écoute, avec des dons en psychologie. Elle n'abandonne jamais rien ni personne.
FAMILLE D'ÂMES : Alchimistes.

Lune EN SAGITTAIRE

TES ÉMOTIONS : elles sont enthousiastes, spontanées et joyeuses. Tu sais comment faire preuve d'entrain et motiver les autres. Par contre, il t'est impossible de faire semblant ou de garder ta langue dans la poche. Ouvert·e aux autres et aux découvertes, tu es toujours prêt·e à sortir de ta zone de confort : prendre des risques ne t'effraie pas. Tu aimes le changement et tu as besoin de mouvement au quotidien.

TA RELATION À LA FÉMINITÉ : tu as l'âme d'un·e aventurier·ère qui s'exprime naturellement, authentiquement et avec passion. Malgré ton air décontracté, tu fais attention à ton apparence et tu tiens à donner la meilleure impression de toi-même, grâce à ton charisme, ta franche répartie et tes blagues bien placées.

TON ARCHÉTYPE DE LA MÈRE : c'est une humaniste ! Intelligente, drôle, trilingue et multidiplômée, cette mère a fait plusieurs fois le tour du monde et elle est en constante recherche d'aventures, mais aussi en quête de sens profond.

FAMILLE D'ÂMES : Sages.

Lune EN CAPRICORNE

TES ÉMOTIONS : elles sont intériorisées et cachées. Tu aimes ta tranquillité et tu as besoin de passer régulièrement du temps en solitaire. Méfiant·e, prudent·e et réservé·e, tu ne te confies pas à n'importe qui. D'ailleurs, tes réactions émotionnelles sont souvent contenues et tu as du mal à les exprimer auprès des autres. Tu es stable et fiable.

TA RELATION À LA FÉMINITÉ : tu tiens à renvoyer une image classe, digne et sérieuse. Tu vis ta féminité à travers la sobriété et les responsabilités, mais aussi les divers rôles que tu endosses au quotidien. Les autres savent qu'ils peuvent se reposer sur toi et te demander conseil quand il le faut.

TON ARCHÉTYPE DE LA MÈRE : c'est une personne intègre, digne de confiance et très persévérante. Elle a le sens des valeurs et des traditions. Elle se montre perspicace et commet rarement des erreurs dans sa vie. Elle inculque la loyauté et le respect d'autrui.

FAMILLE D'ÂMES : Piliers.

Lune EN VERSEAU

TES ÉMOTIONS : elles sont très intellectualisées, mais cela ne veut pas dire que tu es insensible, au contraire ! Tu es très émotif·ve et intuitif·ve, tu as simplement du mal à supporter les contraintes qui peuvent t'être imposées. Tu es hyper indépendant·e, mais tu attires les autres avec ta simplicité d'être.

TA RELATION À LA FÉMINITÉ : l'équilibre entre tes énergies féminine et masculine est fortement recherché, car selon toi les deux pôles sont aussi importants l'un que l'autre – tu es dans une volonté de partage. Tu peux avoir une vision assez holistique des choses et estimer que tout se vaut et que tout se complète. Tu as tendance à cultiver une apparence raffinée, élégante et contemporaine.

TON ARCHÉTYPE DE LA MÈRE : elle est excentrique, ouverte d'esprit et imprévisible. Elle cherche à tout prix à apporter sa pierre à l'édifice et à construire un avenir meilleur pour la société. C'est une femme avec une grande puissance mentale.

FAMILLE D'ÂMES : Visionnaires.

Lune EN POISSONS

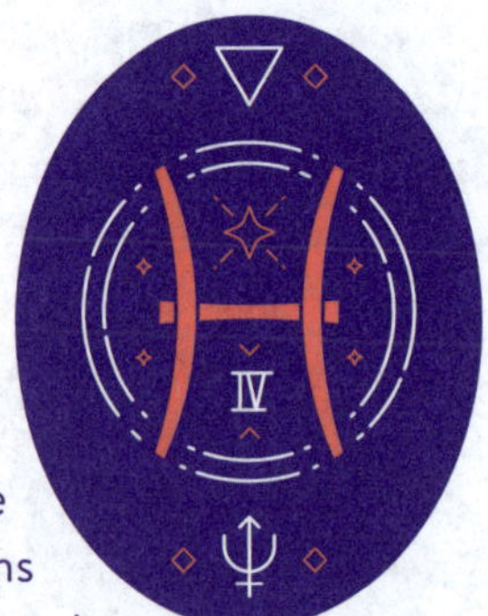

TES ÉMOTIONS : elles sont (hyper)sensibles et omniprésentes. Ton émotivité peut te rendre facilement impressionnable, voire influençable dans certains cas. Mais tu es extrêmement créatif·ve et artiste !

Ta sensibilité à fleur de peau te permet de cultiver une grande et très juste intuition.
TA RELATION À LA FÉMINITÉ : ta part féminine est une facette importante de qui tu es, au fond de toi. Avec un côté artistique et un attrait puissant pour l'art, les belles choses et la douceur des petits plaisirs de la vie, tu ressens un besoin profond d'exprimer tes émotions à travers chaque action du quotidien.
TON ARCHÉTYPE DE LA MÈRE : c'est celle qui a le sens du sacrifice, elle peut souvent osciller entre le rôle de la magicienne et celui de la martyre. Elle a une sensibilité très développée et rappelle sans cesse aux autres que les énergies de l'Univers sont interconnectées.
FAMILLE D'ÂMES : Chamans.

LE CALENDRIER LUNAIRE, MES RENDEZ-VOUS AVEC MOI-MÊME

Les cycles lunaires

NB : Pour connaître les phases de nouvelle et de la pleine Lune du mois en cours, rendez-vous sur mon site astrolya.be.

La Lune te guide et t'inspire quotidiennement en fonction de son mouvement – qui est cyclique. Un cycle de la Lune dure environ 29,5 jours. Soit un mois complet qui te permet de lancer de nouveaux projets ou de clôturer des activités qui ont été dûment menées au cours des derniers mois. En fonction de la phase lunaire en cours et du signe dans lequel se positionne la Lune, son énergie aura une « coloration » différente. Utilisée de manière judicieuse et consciente, l'énergie de la Lune peut t'aider à soulever des montagnes pour concrétiser tes plans sur la comète.

Pour travailler et observer l'impact des différentes phases de Lune et des cycles lunaires sur toi, je t'invite vivement à te munir d'un carnet de notes qui te permettra de suivre tes progrès et tes avancées, pas à pas, mais aussi de poser à l'écrit tes intentions/mantras.

Durant ces moments dédiés à l'introspection, tu peux être accompagné·e de bougies, d'encens, de musique et de tout ce qui te permet de te concentrer et de faire de cet instant un moment sacré à tes yeux. C'est ta bulle, c'est ton intimité.

NOUVELLE LUNE

Lorsque la Lune est noire, non visible dans le ciel, c'est le signal qu'une page blanche s'offre à toi ! C'est le moment de démarrer quelque chose de nouveau, de planter des graines de projets et de semer des idées à concrétiser pour le nouveau cycle qui démarre. Pose tes intentions et vise le plus haut possible !

À FAIRE DURANT CETTE PHASE DE LUNE : rédiger tes intentions, démarrer un nouveau projet, imaginer des plans pour le futur.

MON MANTRA DE NOUVELLE LUNE : « En phase avec cette nouvelle Lune, je fais le plein de nouvelles énergies pour commencer [complète avec le projet que tu as en tête pour ce cycle]. »

LUNE CROISSANTE

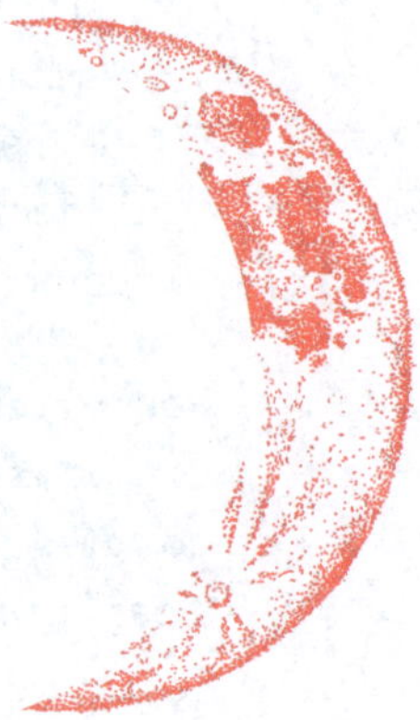

L'énergie monte, mais tout doucement ! Tu peux t'inspirer, conceptualiser, faire des déclarations... Dernière réflexion avant de passer à l'action, c'est le moment parfait pour commencer à te focaliser sur les détails de ton plan préétabli durant la phase de la nouvelle Lune. Visualise précisément tes désirs et tes espoirs sur le monde qui t'entoure.

À FAIRE DURANT CETTE PHASE DE LUNE : conceptualiser, vérifier, évaluer la situation, établir des plans d'action.

MON MANTRA DE LUNE CROISSANTE : « En phase avec cette Lune croissante, je m'inspire et [je peaufine les détails de mon plan d'action]. »

PREMIER QUARTIER

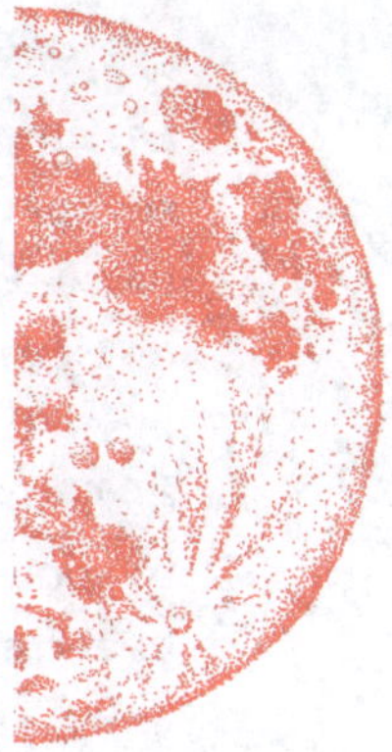

L'action est de mise ! C'est l'instant ou jamais de te challenger car cette énergie t'aide à concrétiser tes objectifs en te boostant et en t'ouvrant la voie vers les accomplissements de tes rêves les plus fous. L'humeur est joyeuse et tu te montres optimiste, malgré les obstacles qui peuvent se dresser devant toi !

À FAIRE DURANT CETTE PHASE DE LUNE : agir, créer, bouger, se challenger, atteindre ses objectifs.

MON MANTRA DE PREMIER QUARTIER DE LUNE : « En phase avec le premier quartier de Lune, je passe à l'action pour soutenir [telle ou telle intention déposée lors de la nouvelle Lune]. »

GIBBEUSE MONTANTE

C'est la phase des ajustements. Elle représente le moment où tu rassembles tes forces avant de sprinter jusqu'à la ligne d'arrivée. Tu nourris ta vie d'énergies nouvelles, tu fais des corrections, tu ajustes tes plans, tu les redéfinis… Bref, tu alignes tes demandes et tes espoirs avec les énergies de l'Univers.

À FAIRE DURANT CETTE PHASE DE LUNE : adapter, corriger, modifier, respirer, faire preuve de patience.

MON MANTRA DURANT LA GIBBEUSE MONTANTE : « Je fais confiance à l'Univers, je focalise mon intention actuelle sur [la réalisation de l'objectif que tu t'es fixé lors de la nouvelle Lune]. »

PLEINE LUNE

Les émotions se relâchent, tout ce qui ne te sert plus devient un chapitre clos de ton passé. C'est un moment de célébration, de victoire, de gratitude et d'épanouissement. Les pages de ce cycle se tournent, de l'espace se libère, en toi et autour de toi, pour laisser place à des nouveautés qui te correspondent davantage.

À FAIRE DURANT CETTE PHASE DE LUNE : relâcher la pression, célébrer, remercier, clôturer, prier.

MON MANTRA DURANT LA PLEINE LUNE : « Merci, chère pleine Lune, je relâche ce qui ne me sert plus. Je fais preuve de gratitude face [au dernier événement marquant, même négatif, qui a pu se produire dans ta vie]. J'en comprends les apprentissages. »

LUNE DISSÉMINANTE

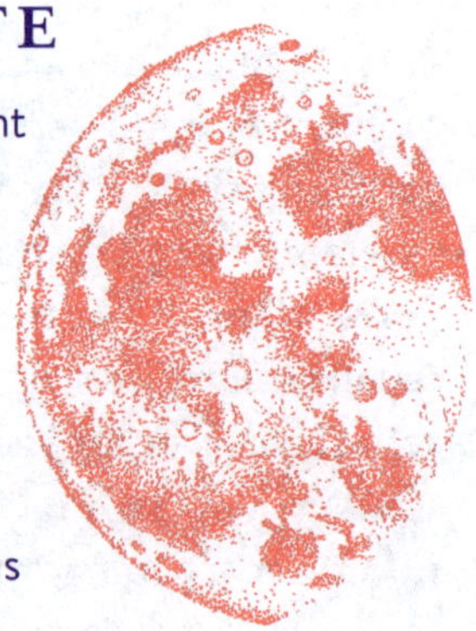

C'est une phase de récolte et de repos, durant laquelle tu accueilles les derniers bénéfices de ce cycle lunaire. Tu reçois, et il ne tient qu'à toi de donner également aux autres et de partager avec tou·te·s ceux·celles qui se trouvent autour de toi.

À FAIRE DURANT CETTE PHASE DE LUNE : récolter, partager, relâcher les dernières tensions, clôturer définitivement.

MANTRA DE CETTE LUNE DISSÉMINANTE :
« J'exprime ma gratitude envers la Lune pour tout ce que je viens de recevoir et ce qui arrivera prochainement. Voici le cadeau que j'aimerais recevoir [insère ton souhait du moment], mais je décide de faire confiance à l'Univers. Il sait ce qui est juste pour moi. »

TROISIÈME QUARTIER DE LUNE

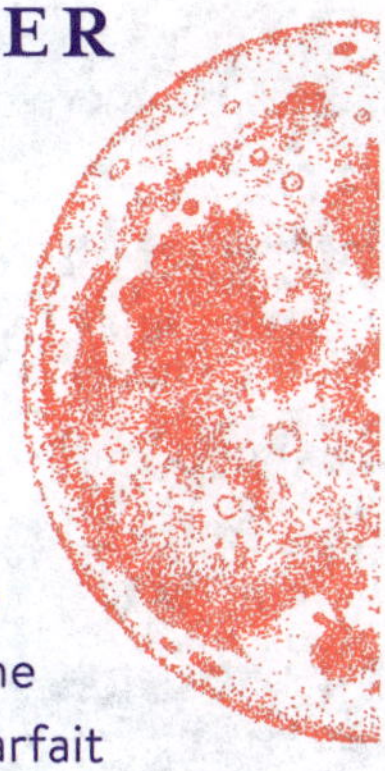

C'est une phase de transition, d'intégration et de pardon. Toutes les énergies négatives ont été évacuées, tu as laissé tes mauvaises habitudes derrière toi et tu t'ouvres désormais à de nouvelles perspectives. C'est une période généralement très calme, pour ne pas dire « creuse », au cours de laquelle il ne se déroule pas grand-chose. Car tout est parfait comme c'est, que la situation soit confortable ou inconfortable : tu acceptes le changement.

À FAIRE DURANT CETTE PHASE DE LUNE : se transformer, modifier ses habitudes, accepter ce qui est, s'ouvrir à la nouveauté.

MANTRA DE CE TROISIÈME QUARTIER DE LUNE : « En phase avec le troisième quartier de Lune, je me transforme et je change mon point de vue. J'accepte que [tel événement] se soit déroulé de la sorte ou que [tel souhait] n'ait pas été exaucé. Je m'ouvre à la nouveauté. »

LUNE BALSAMIQUE

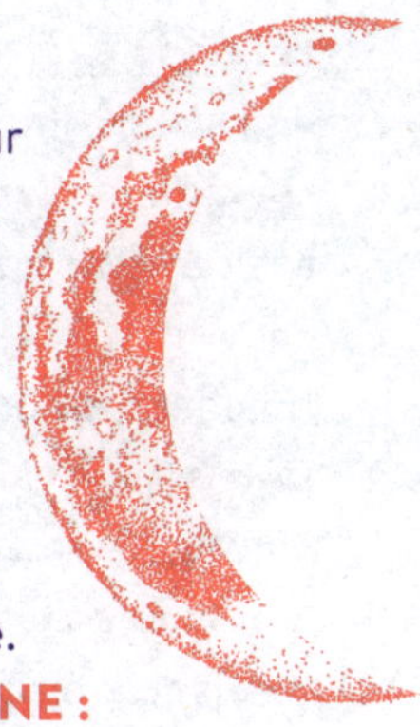

Cette dernière phase de Lune avant le retour à la case départ t'intime de te reposer, de rester au calme et de te laisser guider par ton intuition. Prends le recul nécessaire pour observer les quatre dernières semaines qui se sont écoulées, remercie-toi, dresse la liste de tes gratitudes et prépare-toi à entrer dans un nouveau cycle.

À FAIRE DURANT CETTE PHASE DE LUNE :
se reposer, prendre du recul, s'écouter, être doux·ce envers soi-même, guérir.

MANTRA DE LA LUNE BALSAMIQUE : « En phase avec la Lune balsamique, je remercie l'Univers pour sa guidance et je clôture ce chapitre pour passer au suivant. Je suis plein·e de gratitude, je me pardonne et je me repose en faisant [une activité qui te permet d'être bien dans ta peau]. »

Pour le début du nouveau cycle, il te suffira de poser de nouvelles intentions, en fonction de tes nouveaux projets et objectifs.

Résumé des énergies DE LA LUNE, SELON SES PHASES ET SES TRANSITS

En accord avec le signe dans lequel se trouve la Lune, les énergies varient et viennent diriger les forces lunaires vers certains domaines de ta vie.

» **Lunaison en Bélier :** action, recommencement, nouveauté, impulsion

» **Lunaison en Taureau :** fertilité, ancrage, apaisement, stabilité

» **Lunaison en Gémeaux :** ouverture, dialogue, fraîcheur, amusement

» **Lunaison en Cancer :** nostalgie, douceur, émotivité, cocooning

» **Lunaison en Lion :** amour, créativité, confiance, plaisir

» **Lunaison en Vierge :** ajustement, routine, récolte, nettoyage

- **Lunaison en Balance :** relationnel, équilibre, compromis, négociation
- **Lunaison en Scorpion :** transformation, passion, magie, lâcher-prise
- **Lunaison en Sagittaire :** apprentissage, ouverture d'esprit, pensée, expansion
- **Lunaison en Capricorne :** ambition, concrétisation, maturité, bilan
- **Lunaison en Verseau :** projets, futur, changement, sociabilité
- **Lunaison en Poissons :** rêve, imaginaire, intuition, repos

Par exemple, une pleine Lune en Balance mettra davantage en avant l'aspect relationnel et amoureux dans ta vie, et notamment la clôture d'un chapitre relationnel ou la guérison émotionnelle. Une nouvelle Lune en Taureau t'incitera à concrétiser un projet d'ordre professionnel (obtenir une promotion, postuler à un nouvel emploi…) ou d'ordre privé (construction, achat de maison…) qui touche tes finances.

NB : L'énergie du signe du zodiaque dans lequel se déroule la lunaison a un impact sur toi, peu importe ton signe astrologique. Il sera positif si l'énergie du signe en question est compatible avec ton Soleil, ou négatif si l'énergie du signe est en désaccord avec ton signe solaire (voir les compatibilités entre les éléments).

JE CRÉE MON PROPRE rituel de Lune

Ma belle étoile, voici plusieurs petits rituels que tu peux réaliser lors des jours de nouvelle ou de pleine Lune, mais également lorsque le cœur t'en dit ou que tu souhaites clôturer ou démarrer un chapitre de ta vie.

- Crée un espace sacré ou un autel*
  - » avec des bougies
  - » des cristaux
  - » des fleurs
  - » un oracle
  - » ou tout autre objet important et que tu trouves beau
- Purifie ton espace
  - » avec de la sauge
  - » de l'encens
  - » en ouvrant une fenêtre
  - » en posant une intention particulière
  - » en prenant le temps de faire du tri ou du rangement

* Table ou espace consacré à un dieu, une déesse ou à l'Univers, directement sur lequel tu poses tes « offrandes ».

- Prends un moment pour toi
  - médite ou fais du yoga
  - écris dans ton journal pour poser tes mots et tes émotions du moment
  - prends un bain sacré
  - observe la Lune ou pars en balade dans la nature

- Utilise l'énergie de la Lune
  - pour recharger tes cristaux
  - faire de l'eau de Lune (qui te servira pour tes rituels)
  - créer des amulettes (de protection, d'amour, etc.)
  - faire le plein de bonnes ondes et te débarrasser du superflu

Le mot de Shana

Il n'y a pas de « mauvais rituel » à faire lors des différentes phases de Lune ! C'est à toi de voir ce que tu souhaites mettre en place pour rendre cet instant magique et mystique. Un simple geste, une simple intention posée ou une bougie allumée peut suffire. Et, parfois, si le cœur t'en dit, tu peux prendre une soirée entière à sacraliser ce moment précieux à tes yeux -notamment s'il implique un grand changement dans ta vie personnelle.

Les cycles lunaires ET CYCLES MENSTRUELS

En moyenne, le cycle menstruel féminin dure environ 28 jours, tandis que celui de la Lune dure 29,5 jours. Pour les scientifiques, cela est une pure coïncidence, mais pour les praticien·ne·s en médecine douce et en spiritualité, cette synchronicité s'explique par la connexion privilégiée entre les femmes et l'astre lunaire.

Les cycles menstruels et les cycles de la Lune (corps-cœur-âme) :

Le cycle de la Lune est composé de quatre grandes phases : nouvelle Lune, premier quartier, pleine Lune et dernier quartier. Ce qui fait directement écho au cycle de la vie : Naissance, Croissance, Épanouissement et Décroissance, et correspond aux quatre grandes phases du cycle menstruel : la phase menstruelle, pré-ovulatoire, ovulatoire et prémenstruelle.

Voici les différents parallèles qui peuvent être établis entre le cycle féminin et le cycle lunaire :

NOUVELLE LUNE ET PHASE MENSTRUELLE

- Le mot d'ordre : Naissance.
- Cycle menstruel : c'est le début du cycle menstruel, l'endomètre se désintègre et passe par le col de l'utérus pour s'écouler par le vagin.
- Cycle lunaire : c'est le début du cycle lunaire, la Lune est noire dans le ciel, totalement cachée par le Soleil. Un nouveau cycle s'enclenche.

PHASE DE LA SORCIÈRE (si tu as tes règles durant la nouvelle Lune) : tu es branché·e sur la « Lune noire », ce qui indique que tu es actuellement en plein développement personnel. Tu es tourné·e vers toi-même dans une visée introspective et vers ton épanouissement. Tu ovules donc durant la « Lune blanche » (la pleine Lune), et les règles arrivent deux semaines plus tard.

PREMIER QUARTIER ET PHASE PRÉ-OVULATOIRE

- Le mot d'ordre : Ouverture.
- Cycle menstruel : le corps se prépare à une potentielle grossesse ; sous l'action des œstrogènes, les muqueuses de l'utérus s'épaississent pour accueillir un ovule fécondé.

- » Cycle lunaire : la Lune est croissante, c'est une période de (re)découverte de soi et du monde extérieur. Les graines se plantent pour éclore à la pleine Lune.

PHASE DE LA VIERGE (si tu as tes règles durant la Lune croissante) : tu vis actuellement une période de renaissance intérieure et d'ouverture au monde extérieur. Ton ovulation survient durant le troisième quartier de Lune (c'est-à-dire en Lune décroissante) et les règles surviennent aux alentours du premier quartier de Lune.

PLEINE LUNE ET PHASE D'OVULATION

- » Le mot d'ordre : Libération.
- » Cycle menstruel : un des ovaires libère un ovule « mature » qui sort de la trompe de Fallope la plus proche pour aller se nicher dans l'utérus. L'endomètre s'épaissit davantage, et l'ovule attend vingt-quatre heures pour être fécondé ; s'il ne l'est pas, la quatrième phase du cycle se met en place.
- » Cycle lunaire : la Lune est pleine, la fertilité est accrue, et la phase d'éclosion se met en place. Une énergie immense est libérée, à cet instant, dans le ciel.

PHASE DE LA MÈRE (si tu as tes règles durant la pleine Lune) : dans ce cas-ci, les règles arrivent durant (ou à l'approche de) la pleine Lune, et l'ovulation se fait lors de la nouvelle Lune. Ce cycle est spécial, car il montre que tu es prête à recevoir la vie, à concevoir et à entretenir un lien mystique, presque divin, avec la Source. Au-delà de la procréation, c'est également une phase de création en tant que telle qui se met en place dans ta vie.
Un peu d'histoire : ce cycle était désigné comme « Lune rouge », car il était perçu comme maléfique. Au XVe siècle, une femme qui avait ses règles durant la pleine Lune était considérée comme une sorcière et pouvait être condamnée au bûcher pour cela. Cette croyance populaire a contribué à nourrir l'idée fausse que les règles sont « impures ».

TROISIÈME QUARTIER ET PHASE PRÉMENSTRUELLE

- Le mot d'ordre : Transformation.
- Cycle menstruel : le follicule vide se transforme et s'apprête à être évacué de l'utérus pour laisser place à un autre ovule fécondable pour le cycle suivant.
- Cycle lunaire : la Lune décroît, relâche toutes les énergies ambiantes, permet un moment d'accalmie avant l'arrivée du prochain cycle.

PHASE DE L'ENCHANTERESSE (si tu as tes règles durant la Lune décroissante) : ton ovulation se déroule lors du premier quartier, et les règles se déclenchent à l'approche du troisième quartier de Lune. Ce cycle parle de ta sagesse intérieure, des parts obscures et mystérieuses de ta nature féminine. Il réveille ton intuition, te demande de faire un travail d'introspection et de remise en question. Quelque chose d'enfoui et de sombre souhaite se (r)éveiller et se manifester.

Le mot de Shana

Attention : les contraceptions hormonales et le stress peuvent modifier le cycle du corps, et donc des menstruations. Elles peuvent ainsi être décalées par rapport au calendrier lunaire et ne pas tomber à chaque fois à la même période. Il est aussi important de noter que ton cycle peut varier selon les événements de ta vie personnelle (stress, émotions fortes ou prise de poids), ainsi que de ton évolution en tant qu'âme. Personnellement, j'ai déjà eu mes règles lors de la nouvelle Lune, puis le mois suivant lors de la phase de pleine Lune et, comme je prends toujours note de mes cycles, j'ai pu analyser cette signification et voir que cela avait tout son sens par rapport à mon vécu. Le plus important, c'est ce que tu ressens au fond de toi et que tu puisses t'aligner avec ton corps et tes émotions.

Resynchroniser ton cycle émotionnel et naturel

Plusieurs outils et pratiques quotidiennes peuvent aider à réguler le cycle menstruel, mais également émotionnel, sur celui de la Lune.

LA LUNACEPTION

Cette technique propose de reproduire les gestes simples de nos ancêtres – les femmes préhistoriques – qui dormaient sous le ciel et s'appuie sur la croyance que la lumière de la pleine Lune envoie un signal au corps pour qu'il déclenche l'état d'ovulation. Cela consiste à dormir dans le noir le plus complet, sauf durant les quatre jours où la Lune est la plus pleine. Attention, son efficacité n'a pas été démontrée scientifiquement.

LE YIN YOGA

Ce style de yoga lent et basé sur des exercices doux permet de relâcher la pression et le stress accumulés. Les principes de la médecine chinoise traditionnelle y sont intégrés. Ces principes mettent en exergue la communication entre les différents organes du corps qui échangent des informations grâce à un courant d'énergie, appelé « *chi* » ou « *qi* ». Les postures du yin yoga permettent de défaire les nœuds et blocages énergétiques du corps, et donc de réguler le cycle menstruel (entre autres, car il peut remédier à de nombreux soucis de circulation des fluides dans le corps).

LES CERCLES DE FEMMES

Selon certaines croyances, le fait de se réunir durant la pleine Lune avec une dizaine d'autres femmes permettraient de réguler le cycle. Cette théorie de Martha McClintock, qui s'appuie sur l'observation pratique, décrit une tendance à une synchronisation des cycles menstruels lorsque des femmes passent du temps ensemble. À toi d'observer si cela fonctionne bien pour toi ! As-tu observé que tes règles tombaient en même temps que celles de tes amies, sœurs ou proches ?

Tu peux également utiliser du gingembre, du curcuma et de l'huile d'onagre, des stimulants naturels du cycle menstruel, et faire des méditations d'ouverture du chakra sacré, en massant le bas de ton ventre et en acceptant de lâcher prise.

RITUELS

L'amour au gré des lunaisons

La fiole d'amour :

ENTAMER UNE RELATION AMOUREUSE

Voici la recette d'un philtre magique que tu peux créer lors d'une soirée de nouvelle Lune ou de Lune croissante, période idéale pour poser tes intentions et faire part de tes désirs à l'Univers afin que les énergies te portent et t'accompagnent sur ce nouveau chemin qui s'offre à toi.

Tu peux conserver ce philtre d'amour près de ton autel (si tu en as un), dans un coin d'une pièce que tu apprécies particulièrement, ou tu peux simplement le poser sur un meuble

CE DONT TU AS BESOIN :

- une fiole en verre avec un bouchon (petit ou grand, c'est selon ta convenance)
- quelques petits quartz roses
- des pétales de roses séchées
- du gros sel rose
- du sucre
- de la cannelle
- un peu de romarin
- de l'huile essentielle d'ylang-ylang ou de rose de damas
- une bougie rose
- de l'encens
- un morceau de papier
- de l'eau de Lune (si tu le désires)

Avec un bâton d'encens, purifie ta fiole, en faisant circuler la fumée de l'encens autour du récipient et à l'intérieur. Ensuite, dépose le gros sel et le sucre dans le fond du verre. Ajoute les quartz roses et le morceau de papier sur lequel tu auras, au préalable, écrit le nom de la personne avec qui tu souhaites entamer une relation, les qualités que tu appréciés chez cette personne, ainsi que le jour et les circonstances de votre rencontre. (La feuille peut être pliée en deux, en quatre, ou enroulée pour entrer dans la fiole !)

Saupoudre le tout de cannelle et de romarin, incorpore les pétales de roses, puis verse l'eau de Lune si tu en as (sinon, tu peux faire sans). Enfin, ajoute cinq à six gouttes d'huile essentielle et referme la fiole. Tu peux laisser couler quelques gouttes de cire de bougie sur le bouchon du récipient pour clôturer le rituel et sceller ta fiole.

Ton philtre d'amour est prêt !

Le mot de Shana

Comment faire de l'eau de Lune ? Lors des phases de Pleine Lune, tu peux mettre une bouteille d'eau sur le bord de ta fenêtre (en intérieur ou en extérieur, selon la météo) pour la charger avec les énergies de la Lune. Il faut laisser l'eau « infuser » durant toute la nuit et la retirer dès que le soleil se lève. Cette eau peut ensuite être utilisée pour tes soins de beauté ou tes rituels bien-être.

La lettre du pardon :

ROMPRE UN LIEN OU UNE RELATION AMOUREUSE

La pleine Lune est le meilleur moment pour défaire un lien, te délester des énergies et des sentiments négatifs (tels que la colère, la tristesse, la déception, etc.) et relâcher tout ce qui te dessert.

Le rituel de la lettre du pardon est parfait si tu souhaites rompre un lien persistant (une ancienne relation, une personne qui revient constamment dans ta vie, un karma familial ou autre) pour te libérer – et libérer l'autre personne par la même occasion.

Pour ce faire, il te suffit de rédiger une lettre à la main (si possible dans un cadre calme et propice à l'introspection) dans laquelle tu exprimes tout ce que cette relation t'a apporté, en positif, comme en négatif.

À la fin de la lettre, utilise la formule de l'Ho'oponopono (une pratique hawaïenne, que l'on peut traduire par « rétablir les choses » ou « retrouver l'équilibre ») : « Je suis désolé·e, s'il te plaît, pardonne-moi, merci, je t'aime. »

Cette conclusion ne vise pas à te culpabiliser ni à te faire porter la faute, mais elle

a pour but de clôturer un chapitre pour laisser la place à quelque chose de plus beau encore :

- elle vise à reconnaître la responsabilité des deux parties au sein du conflit : « Je suis désolé·e » ;
- puis à vous pardonner mutuellement : « s'il te plaît, pardonne-moi » ;
- pour permettre à chacun·e de lâcher l'autre pour continuer tranquillement son chemin : « merci, je t'aime ».

C'est un symbole de lâcher-prise qui est notamment utilisé pour guérir les lignées familiales et les blessures transgénérationnelles. Mais cette formule peut être utilisée pour couper un lien entre toi et autrui, lorsque c'est nécessaire également. Après tout, si cette personne te colle autant à la peau, c'est sûrement parce que vous faites partie d'une même famille d'âmes et/ou que cette rencontre était nécessaire pour ton évolution spirituelle. Enfin, tu peux conserver la lettre, la brûler, la déchirer ou encore la jeter. Tout dépend de ton ressenti du moment. Écoute ton cœur.

LA SEXUALITÉ ET LES RÈGLES : ENTRE LE CORPS ET LE CŒUR

Alors que l'abstinence est souvent prônée durant les règles, certaines personnes observent un pic de libido à ce moment de leur cycle menstruel. Pourtant, les règles n'ont rien de sale ou de dangereux ; il s'agit d'un processus naturel pour évacuer la partie interne de l'endomètre de l'utérus. Ce sang est constitué d'eau, de lymphe, de globules rouges et de cellules d'endomètre. En soi, rien de bien sorcier !
De plus, l'ouverture d'une discussion au sein du couple peut permettre au binôme de se renforcer, d'effacer les tabous qui s'immiscent entre eux et d'accroître la confiance de l'un·e en l'autre ; le cycle menstruel fait partie, qu'on le veuille ou non, de la vie quotidienne d'un couple, autant l'accueillir avec conscience !

Le mot de Shana

Petits conseils pratiques si vous avez décidé, à deux, de passer le cap de la sexualité pendant la phase menstruelle :

* Prendre une douche juste avant ou directement faire l'amour sous la douche
* Poser une serviette sur le lit (ou à l'endroit où vous décidez de vous unir)
* Explorer d'autres pratiques sexuelles que la pénétration vaginale et utiliser des sextoys
* Utiliser un préservatif (interne ou externe), une cup ou un tampon adapté
* Utiliser du lubrifiant à base d'eau en cas de sécheresse vaginale

NB : LES HORMONES LIBÉRÉES PAR L'ACTIVITÉ SEXUELLE RÉDUISENT CONSIDÉRABLEMENT LES CRAMPES MENSTRUELLES ET CONTRIBUENT À RÉGULER TON HUMEUR.

CINQ POSTURES POUR APAISER LES DOULEURS MENSTRUELLES

Voici quelques postures qui peuvent t'aider à détendre, tout en douceur et en souplesse, le bas de ton ventre, ton dos et autres zones douloureuses pendant cette semaine « rouge ». N'hésite pas à te préparer une tisane de framboisier, une bouillote et/ou un jus de grenade*.

** Si tu observes de trop fortes douleurs durant tes règles et/ou ta période d'ovulation, il est important de consulter un·e professionnel·le de santé !*

Posture de l'enfant ou BALASANA

Assieds-toi fesses contre tes talons puis, doucement et tranquillement, penche-toi vers l'avant jusqu'à poser ton front sur le sol. Tu peux laisser tes bras le long de ton corps ou alors les tendre vers l'avant, ou tout simplement les replier sous ton front en guise « d'oreiller ».

Posture de torsion allongée

ou JATHARA PARIVRITTI

Allonge-toi sur le dos puis ouvre tes bras et étends-les sur le sol à hauteur de tes épaules en essayant de garder les omoplates contre le sol. Plie tes jambes et ramène tes genoux vers la poitrine, puis laisse-les retomber d'un côté du corps en tournant légèrement ta tête de l'autre côté. N'oublie pas de changer ensuite de côté pour bien équilibrer ton corps.

Posture du bébé heureux

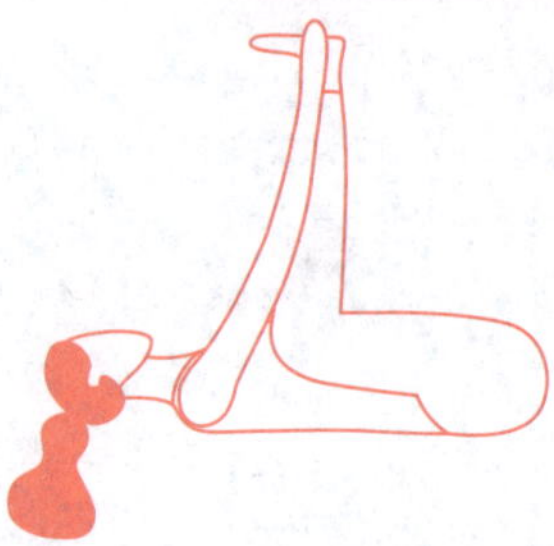

ou ANANDA BALASANA

Couche-toi sur le dos, puis soulève doucement tes genoux pour les ramener vers ta poitrine, en tournant la plante des pieds vers le plafond. Ensuite, attrape tes pieds en agrippant tes gros orteils ou tes talons pour étirer le plus possible tes jambes – sans te faire mal. Tu peux fermer les yeux si tu le désires et te balancer de droite à gauche. Respire profondément et relaxe-toi !

Posture du héros allongé

ou SUPTA VIRASANA

À genoux, talons contre tes fesses, écarte tes pieds pour qu'ils soient près de tes ischions (os inférieurs du bassin), tout en gardant tes genoux proches l'un de l'autre pour stabiliser la posture. Ensuite, recule les avant-bras jusqu'à ce qu'ils touchent le sol en te penchant vers l'arrière. Si tu es assez souple pour cette posture, tu peux directement poser ton dos contre le sol ou alors, pour plus de confort, tu peux placer un coussin ou un bloc sous ton dos.

Posture du papillon plié

ou BADDHA KONASANA

Assis·e en tailleur, positionne tes jambes de sorte que les plantes de tes pieds se touchent, les jambes pliées (mais pas trop), attrape tes pieds avec tes mains et penche-toi vers l'avant, comme si tu voulais déposer ton front sur le sol. Tu peux placer un coussin sur tes jambes pour poser la tête dessus. Inspire et expire profondément, autant de fois que tu le souhaites.

Les astéroïdes, de précieux indicateurs de ton monde émotionnel

Sur ta carte du ciel, tu as déjà pu observer les petits signes gris clair qui gravitent tout autour des planètes de ton thème astral : ce sont les astéroïdes et les points géométriques* représentés en fonction de leur position au moment de ta naissance.

Ces astres parlent particulièrement du « karma », c'est-à-dire des « coups du destin », de l'énergie dans laquelle baigne ton âme à la suite d'actions entreprises dans la vie actuelle, mais également dans une ou plusieurs vies antérieures. Ils te donnent des indices et des clés très utiles pour mieux comprendre ton monde intérieur.

Astéroïdes ET FEMMES MYTHOLOGIQUES

Chaque astéroïde correspond à une figure féminine phare de la mythologie gréco-romaine ou encore hindoue, à l'exception de Chiron qui est un homme-cheval érudit et guérisseur.

* Les points géométriques sont calculés, ils ne sont pas directement visibles dans le ciel. Leur placement est défini selon des conventions. On les considère donc comme des points mathématiques ou fictifs, mais ils n'en donnent pas moins des indications sur tes émotions et tes potentiels blocages.

LA BEAUTÉ, L'UNION, LE MARIAGE ET LA LOYAUTÉ :

JUNON, la belle sentimentale

Junon (ou Héra) est la déesse du Mariage, de l'Amour et de la Fécondité, et celle qui protège les femmes (notamment les femmes enceintes et les nouveau-nés). Elle veille également sur les liens familiaux et contractuels et tout ce qui se réfère à l'engagement durable et à la loyauté.

L'ABONDANCE, L'ANCRAGE ET LA COUPURE DU LIEN :

CÉRÈS, la faucille émotionnelle

Cérès (ou Déméter) est la déesse des Récoltes et de la Moisson. Elle représente ce qui nourrit (intérieurement et extérieurement) un individu, mais également la façon dont celui-ci peut nourrir les autres. Elle peut aussi représenter ce qu'une personne n'arrive pas à lâcher et ce dont elle a du mal à se détacher.

LE COURAGE, LA SAGESSE, LA STRATÉGIE ET LA RÉFLEXION :

PALLAS, la guerrière intellectuelle

Pallas (Athéna, ou Minerve pour les Romains) est la déesse du Courage, de l'Indépendance et de la Sagesse. Elle renvoie notamment à la capacité d'un individu à exprimer son potentiel intellectuel dans le domaine où il peut exceller, ou tout simplement à gérer des activités qui demandent des ressources particulières. Enfin, elle peut aussi représenter la violence et l'impulsivité, car elle est liée à la guerre et à la stratégie.

LA VERTU, LE SACRIFICE ET LA JUSTICE :

VESTA, la chasteté spirituelle

Vesta est la vierge (apparentée à Hestia dans la mythologie grecque, déesse du Foyer de la maison) qui fait vœu de chasteté dans le but de s'ouvrir à l'invisible et se consacrer entièrement à une sphère spirituelle bien plus élevée que ce qu'elle peut vivre sur Terre. Elle vient renseigner sur la vocation d'une personne, sur la cause qui lui tient profondément à cœur. Elle touche également aux valeurs de justice et d'équilibre.

L'OMBRE, LA BLESSURE ET LE TRAUMA :

LILITH, la démone originelle

Selon la tradition juive, Lilith est la première femme d'Adam, qui aurait refusé de se soumettre à lui et qui se serait rebellée pour ne plus être sous le joug de la masculinité. Elle a prêté allégeance au diable pour devenir libre et indépendante. Elle représente donc tout ce qui est problématique dans la psyché d'un individu et ses blessures profondes. Elle parle d'obsessions, de rejets, de blocages et de tabous.

La phase sombre DE TES ÉMOTIONS : LILITH, LA LUNE NOIRE

Lilith est sûrement le point du thème astral qui a la réputation la plus obscure. En effet, cette dernière incarne ta blessure de l'âme, tes traumas, tes difficultés personnelles et tes excès. Elle pointe du doigt ce qui est bloqué au fond de toi, et ce qui peut t'empêcher d'avancer concrètement, à cause d'un événement vécu dans une vie antérieure.

*NB : Pour être plus précis·e dans l'analyse de ce point, je t'invite à lire la description du signe mais aussi de la maison dans lequels se situe ta Lilith**.

EN BÉLIER (OU EN MAISON 1)

Tu peux avoir des difficultés à initier des actions concrètes, à te lancer dans un projet ou à prendre des risques. Pourtant, tu souhaites montrer au monde entier que tu es courageux·se, plein·e d'entrain et capable d'être un·e véritable héros·ïne ! Tu vas généralement montrer du rejet envers tout ce qui touche à la violence, l'affirmation de soi et le fait de « s'imposer ». À l'extrême opposé, tu peux te montrer très individualiste et autoritaire.

* Dans cet ouvrage, c'est l'analyse de la Lilith vraie qui est proposée.

EN TAUREAU (OU EN MAISON 2)

Les problèmes sont liés à ton rapport avec ce qui est matériel, notamment l'argent, mais aussi à ton rapport avec ton corps. En effet, tu peux te montrer possessif·ve, autant vis-à-vis de tes biens que de tes relations. Tu cherches sans cesse à combler « un manque » en travaillant énormément, en accumulant les biens ou en faisant preuve de gourmandise. Tu peux avoir une fascination pour tout ce qui touche au luxe. Tu veux prouver que tu es solide et stable. Au contraire, tu peux aussi rejeter tout ce qui touche aux finances et avoir des difficultés à aimer ton corps comme il est.

EN GÉMEAUX (OU EN MAISON 3)

Tu cherches à prouver au plus grand nombre que tu es doté·e d'une certaine intelligence et que tu es « capable » de réaliser telle ou telle chose. Tout simplement parce que tu peux souvent combattre, au fond de toi, un certain syndrome de l'imposteur. Tu as peur de ne pas réussir à bien te faire comprendre, d'être pointé·e du doigt et que l'on compare tes actions aux exploits de tes frères et sœurs (ou ceux et celles que tu considères comme tels). Tu peux avoir des troubles de la communication ou, au contraire, exceller dans cet art et argumenter pendant des heures, voire manipuler les autres grâce à tes mots.

EN CANCER (OU EN MAISON 4)

Ta plus grande peur est d'être rejeté·e et abandonné·e par ceux que tu considères comme ta famille. Tu redoutes d'être un mauvais parent et de ne pas répondre aux besoins (affectifs et émotionnels) de ceux et celles qui t'entourent. Tu veux prendre soin de tes proches, parfois trop, à tel point que tu en oublies tes propres désirs. Dès lors, tu peux te montrer capricieux·se ou contrarié·e parce que tu ne te sens pas inconditionnellement intégré·e ou reconnu·e par ceux et celles que tu aimes.

EN LION (OU EN MAISON 5)

Le problème se situe au niveau de ton ego. Soit celui-ci est exacerbé, soit il est totalement éteint. Dans un cas comme dans l'autre, cela est très difficile à vivre au quotidien. Notamment parce que, dans les deux cas, tu ressens un besoin profond d'être reconnu·e, vu·e et aimé·e des autres. Tu peux rechercher à tout prix l'admiration et la célébrité ou, au contraire, manquer énormément de confiance en toi. Tu rêves de relations fidèles et loyales, ainsi que d'un amour qui dure pour toujours.

EN VIERGE (OU EN MAISON 6)

Ton traumatisme se manifeste par une exigence immense envers toi-même et par de la maniaquerie, voire même de l'hypocondrie. Tu veux te débarrasser de toute impureté afin d'atteindre une perfection absolue. Mais à force de trop vouloir faire les choses correctement, cela peut générer des erreurs de ta part mais aussi une trop grande rigidité et une critique excessive. Tu as une véritable fascination pour l'ordre et l'organisation. Tu caches tes émotions sous une façade qui dit « tout est sous contrôle ».

EN BALANCE (OU EN MAISON 7)

Tu peux te perdre dans le reflet de l'image que tu souhaites montrer de toi-même et trop chercher à te faire aimer, au détriment de ton authenticité. En effet, tu as tendance à devenir dépendant·e sur le plan affectif et tu as une peur bleue du rejet. Tu uses de diplomatie et de courtoisie pour te faire apprécier de tout le monde, tout simplement parce que tu n'as pas conscience de ta beauté intérieure. Tu idéalises les relations avec les autres et particulièrement la relation de couple qui doit, à tes yeux, être parfaite. Tu rêves d'un monde où règne la paix.

EN SCORPION (OU EN MAISON 8)

Tu as peur de l'intimité émotionnelle car tu crains que les autres profitent de ta vulnérabilité pour te manipuler et te blesser. Pour te protéger, tu peux avoir tendance à user de ton pouvoir, de ton charisme et de ton art de la manipulation sur les autres. Tu peux également avoir des peurs irrationnelles (angoisses soudaines, peur du deuil, cauchemars puissants, etc.) qui créent une fascination pour la spiritualité ou, au contraire, te donnent envie de rejeter tout ce qui s'y rattache. Tu dois apprendre à lâcher prise.

EN SAGITTAIRE (OU EN MAISON 9)

Tu as peur de la monotonie et de la routine, que tu fuies en t'évadant via le voyage, les nouvelles connaissances et l'exploration de la conscience. Tu peux rêver de vivre à l'étranger, de t'exiler et tu as du mal à te sentir réellement « à la maison », peu importe où tu te trouves. Aussi, tu peux te montrer très critique envers les autres car tu es certain·e de détenir la vérité ; d'ailleurs, tu ne supportes pas l'autorité. Tu dois apprendre à t'ancrer davantage sur Terre et à cesser de fuir ta vérité.

EN CAPRICORNE (OU EN MAISON 10)

Tu es persuadé·e que tu ne peux compter que sur toi-même et cela te conduit à enfouir tes émotions au plus profond de toi et à ne les déterrer que trop rarement. Tu cherches à tout contrôler autour de toi et tu peux avoir tendance à prendre l'ascendant sur ceux qui te suivent. Dans le cas opposé, tu peux avoir du mal à prendre tes responsabilités.

Dans tous les cas, tu es très anxieux·se et tu ne parviens quasi jamais à lâcher prise dans ton quotidien, ni à prendre des risques. Tu cherches à incarner ta propre autorité.

EN VERSEAU (OU EN MAISON 11)

Tu es dans le refus des contraintes, en permanence. Tu crains de perdre ta liberté d'action, mais également toute forme de liberté quelle qu'elle soit : corporelle, intellectuelle ou encore sexuelle. Ta peur de suivre le chemin classique et de faire tout comme tout le monde te pousse à des actions extravagantes ou à la défense de causes humanitaires. Tu dois apprendre à te reconnecter à tes véritables idéaux et désirs, sans subir d'influence extérieure.

EN POISSONS (OU EN MAISON 12)

Tu es sujet·te aux addictions : sport, argent, nourriture, sexualité, drogue, etc. Notamment car tu ressens, lorsque tu n'es pas bien, un besoin urgent de bien-être mental – et d'endorphines. Tu peux souvent avoir envie de t'échapper de la réalité, ce qui peut générer du pessimisme et des angoisses. Tu as peur de te montrer vulnérable et fragile à cause de tes émotions. Tu dois apprendre à te réconcilier avec ta sensibilité et t'ancrer davantage.

La blessure de l'enfance

ET LA GUÉRISON : CHIRON, LA CLÉ DU CŒUR

Chiron représente à la fois une blessure émotionnelle qui s'ouvre généralement pendant l'enfance, mais également la capacité d'autoguérison d'un individu et les potentielles aptitudes qu'il peut développer grâce à cela. Cet astre parle de la sagesse, des domaines à maîtriser et des apprentissages que tu réalises sur ton chemin de vie.

EN BÉLIER

LA BLESSURE concerne la place que tu prends dans ta vie, au quotidien. Tu as pu te retrouver écrasé·e par le poids des autres et leur volonté de s'imposer dans ton univers.

LA GUÉRISON te permet de cultiver tes dons de leader, de faire preuve d'initiative et de courage. Tu sais guider les autres sur leur chemin vers la reconnaissance.

EN TAUREAU

LA BLESSURE concerne la matérialité. Tu peux avoir cette désagréable impression que le monde dans lequel tu vis actuellement est trop froid, matérialiste et uniquement axé sur les « finances ».

LA GUÉRISON te permet de créer des choses de tes propres mains, de développer une créativité « pratique ». Tu reconnais autant la beauté intérieure qu'extérieure.

EN GÉMEAUX

LA BLESSURE concerne ton intelligence. Tu as pu être dénigré·e sur le plan intellectuel et cela t'a conduit·e à manquer de confiance en tes capacités.
LA GUÉRISON te permet de développer un mental clair et lucide, tu peux aider les autres à pallier leurs troubles de communication et à s'exprimer plus facilement.

EN CANCER

LA BLESSURE concerne le nid familial. Ton entourage a pu projeter ses émotions sur toi, ce qui t'a conduit·e à taire tes propres sentiments et besoins.
LA GUÉRISON t'aide à prendre de la distance, à écouter tes propres ressentis, ton intuition et à te détacher de ton histoire pour en tirer le meilleur. Tu guides les autres vers la reconnexion à leurs émotions.

EN LION

LA BLESSURE concerne la reconnaissance de ton individualité. Tu as pu être ignoré·e ou te sentir rejeté·e et cela a créé un manque de confiance en toi.
LA GUÉRISON te permet d'être à l'aise avec qui tu es vraiment et la créativité dont tu peux faire preuve. Tu sais laisser parler ton âme d'enfant et conduire les autres à faire de même.

EN VIERGE

LA BLESSURE concerne la notion d'excellence et de perfection. Très tôt, tu as pu être confronté·e à l'échec ou à la non-reconnaissance de tes capacités.

LA GUÉRISON te permet de prendre de la distance avec le perfectionnisme et de développer des outils et des techniques qui aident aussi les autres à atteindre leur propre guérison physique et/ou émotionnelle.

EN BALANCE

LA BLESSURE concerne la sphère relationnelle. Par peur de l'abandon, tu as pu développer une dépendance affective et des attaches émotionnelles nocives.

LA GUÉRISON te permet de poser un regard juste, bienveillant et objectif sur les autres et sur tes diverses expériences de vie. Tu sais créer du lien et consolider un groupe.

EN SCORPION

LA BLESSURE concerne l'intimité émotionnelle. Tu as une peur de te dévoiler et de te montrer tel·le que tu es, avec tes failles et ta vulnérabilité.

LA GUÉRISON te permet de développer des dons psychiques profonds et d'accompagner les autres dans la découverte de leur puissance intérieure.

EN SAGITTAIRE

LA BLESSURE concerne la quête de vérité. Tu cherches constamment la certitude et des explications sur tout ; tu peux suivre aveuglement des croyances ou pensées extérieures.

LA GUÉRISON te permet d'écouter ta propre conscience et de tirer tes propres conclusions. Tu développes alors une certaine spiritualité et tu es capable de l'enseigner aux autres.

EN CAPRICORNE

LA BLESSURE concerne l'autorité et les responsabilités. Tu peux avoir un manque d'ouverture d'esprit à cause de ton éducation ou le sentiment de te sentir illégitime dans certains domaines.
LA GUÉRISON te permet de reprendre en main ton pouvoir, de cultiver ton sens des responsabilités, d'assumer ton rôle et d'inciter les autres à faire de même.

EN VERSEAU

LA BLESSURE concerne les projets de vie. Tu as du mal à t'impliquer totalement dans ce que tu aimes car tu crains le jugement des gens autour de toi voire, pire, un désintérêt de leur part envers tes créations et ce que tu es capable de mettre en place.
LA GUÉRISON te permet de t'ouvrir à un vaste champ des possibles, à cultiver ta créativité et à diffuser tes idées pour libérer les autres de leurs propres conditionnements.

EN POISSONS

LA BLESSURE concerne le rapport à la réalité. Souvent bloqué·e dans tes pensées, tu as du mal à t'ancrer sur Terre et tu peux avoir tendance à agir comme un·e sauveur·se dans tes relations avec les autres.
LA GUÉRISON te permet de développer une intuition puissante, des ressources psychiques, mais aussi une grande inspiration qui peut être mise au service de l'art.

Le partenariat idéal

ET L'ASSOCIATION : JUNON, L'ÉTOILE DE L'AMOUR

Junon, la belle, vient éclairer le domaine du partenariat, de l'amour et même du mariage. Sa position te donne des indications sur les caractéristiques que ton·ta partenaire de vie doit posséder pour répondre, au mieux, à tes besoins relationnels.

NB : Pour plus de précisions, je t'invite à regarder le signe et la maison dans lesquels se trouve ta Junon.

EN BÉLIER (OU EN MAISON 1)

Tu cherches un·e partenaire actif·ve, un peu fougueux·se, qui aime les défis et l'aventure. C'est une personne qui doit avoir un fort caractère et qui peut se montrer autoritaire, déterminée et leader quand il le faut.

EN TAUREAU (OU EN MAISON 2)

Tu cherches un·e partenaire stable, responsable, avec un fort sens pratique, et sensuel·le. C'est une personne qui est capable de contribuer à votre stabilité financière et qui t'aide à construire sur le long terme.

EN GÉMEAUX (OU EN MAISON 3)

Tu cherches un·e partenaire assez bavard·e, intelligent·e et polyvalent·e. C'est une personne drôle, curieuse, créative et qui regorge d'idées au quotidien. Avec lui·elle, tu ne t'ennuies jamais.

EN CANCER (OU EN MAISON 4)

Tu cherches un·e partenaire qui a l'esprit de famille, qui prend soin de votre foyer et de votre cocon à deux. C'est une personne très intuitive et sensible, qui partage spontanément ses émotions et qui sait se montrer à l'écoute.

EN LION (OU EN MAISON 5)

Tu cherches un·e partenaire qui a du talent et qui brille de mille feux – ou, du moins, qui a beaucoup de charisme. Il·elle doit être chaleureux·se, affectueux·se et très démonstratif·ve.

EN VIERGE (OU EN MAISON 6)

Tu cherches un·e partenaire travailleur·se, rationnel·le, organisé·e et qui veille au bien-être au sein de la maison, notamment à la santé de chacun·e. Cette personne t'apaise et te soutient, elle t'apporte un sentiment de sécurité.

EN BALANCE (OU EN MAISON 7)

Tu cherches un·e partenaire sociable, charmant·e et qui est toujours partant·e pour partager de nouvelles activités avec toi. C'est une personne équilibrée et un brin artiste.

EN SCORPION (OU EN MAISON 8)

Tu cherches un·e partenaire passionné·e, intense, magnétique et sensuel·le. C'est une personne assez mystérieuse, secrète et qui cache une grande profondeur émotionnelle au fond d'elle.

EN SAGITTAIRE (OU EN MAISON 9)

Tu cherches un·e partenaire qui vient d'un tout autre milieu ou environnement que toi et qui a un passif totalement différent du tien. C'est une personne philosophe, inspirée (et inspirante) qui est très attirée par les voyages.

EN CAPRICORNE (OU EN MAISON 10)

Tu cherches un·e partenaire sérieux·se, stable, qui a le sens du devoir. Il·Elle n'a pas peur des responsabilités et se montre plutôt mature et discrèt·e. Sa présence est rassurante.

EN VERSEAU (OU EN MAISON 11)

Tu cherches un·e partenaire original·e, créatif·ve, différent·e des autres personnes que tu connais. Tu perçois cette personne comme un·e ami·e, un·e véritable allié·e avant toute chose.

EN POISSONS (OU EN MAISON 12)

Tu cherches un·e partenaire affectueux·se, sentimental·e et très spirituel·le. Cela peut également être une personne que tu souhaites aider sur son chemin de vie pour révéler tout son potentiel.

LES PIERRES DE SOUTIEN ÉMOTIONNEL ET DE GUÉRISON POST-RUPTURE

Ces pierres sont parfaites pour t'aider à traverser une rupture amoureuse ou amicale. En effet, elles viennent stimuler les énergies bienveillantes de ton corps et te permettent de poser un regard plus doux sur toi-même. Elles sont donc également recommandées si tu es à la recherche de *self love* et si tu souhaites être plus bienveillant·e avec toi-même !

Quartz rose

- **BIENFAITS PHYSIQUES :** le quartz rose atténue les effets secondaires liés au stress tels que les problèmes de peau, l'hypertension, les insomnies et les maux de tête.
- **BIENFAITS PSYCHOLOGIQUES :** cette jolie pierre attire généralement l'œil de beaucoup de personnes car elle stimule la confiance en soi. En effet, elle booste l'amour de soi et l'amour qu'on souhaite offrir aux autres. Elle permet d'y voir plus clair tout en laissant tomber les préjugés inutiles, favorise la communication et permet de diffuser une ambiance sereine et apaisante au sein d'un groupe ou d'une pièce. Elle apporte également un sentiment de sécurité.
- **UTILISATION :** parfaite pour se booster avant un *date*.
- **CHAKRA :** cœur.
- **PURIFICATION :** eau claire.
- **RECHARGEMENT :** lors de la pleine Lune.

Rhodonite

- **BIENFAITS PHYSIQUES :** cette sublime pierre noire et rose permet de réguler le rythme cardiaque et d'apaiser toute tension qui surviendrait à cause du stress. Elle renforce le système immunitaire et calme les douleurs musculaires.
- **BIENFAITS PSYCHOLOGIQUES :** la rhodonite est parfaite pour ouvrir le cœur et guérir les blessures émotionnelles, ou t'accompagner lors de la traversée d'anciens traumatismes. C'est une pierre qui (ré)équilibre le trop-plein émotionnel et apporte de la douceur, ainsi que du réconfort. Elle favorise les réconciliations et élimine tout sentiment négatif envers ceux et celles qu'on aime (comme la jalousie, l'envie, etc.).
- **UTILISATION :** pour éviter de répéter un schéma relationnel négatif et attirer à soi les belles rencontres.
- **CHAKRA :** cœur.
- **PURIFICATION :** eau salée ou fleur de vie.
- **RECHARGEMENT :** lors de la pleine Lune ou à la lumière naturelle.

Lépidolite

- **BIENFAITS PHYSIQUES :** cette petite pierre violette est réputée pour améliorer la qualité du sommeil. Elle est également conseillée pour les personnes qui ont des troubles de la concentration et qui ont du mal à focaliser leur attention sur l'essentiel.

- **BIENFAITS PSYCHOLOGIQUES :** la lépidolite apaise les troubles compulsifs (troubles alimentaires, obsessions et dépendances) et est également préconisée pour les personnes qui sont sujettes à l'agoraphobie, aux crises d'angoisse et aux tendances dépressives. Elle apporte un sentiment de paix intérieure et de plénitude et favorise le développement spirituel et l'épanouissement de l'âme.
- **UTILISATION :** pour apaiser les conflits intérieurs et apporter le calme.
- **CHAKRAS :** cœur, 3e œil et couronne.
- **PURIFICATION :** eau claire.
- **RECHARGEMENT :** lors de la pleine Lune ou à la lumière naturelle.

Malachite

- **BIENFAITS PHYSIQUES :** la malachite est très efficace contre les douleurs musculaires et les problèmes articulaires. Elle absorbe les maux et a une propriété anti-inflammatoire : il convient donc de la poser sur la(les) partie(s) du corps qui est(sont) douloureuse(s).
- **BIENFAITS PSYCHOLOGIQUES :** cette pierre verte agit sur les blessures du passé, notamment celles qui sont liées au deuil et aux ruptures amoureuses. Elle ouvre le chakra du cœur et permet la libération des émotions qui sont enfouies au plus profond de soi. Elle permet de lever les blocages et d'avancer avec confiance.
- **UTILISATION :** pour traverser une rupture et être sur la voie de la guérison.

- **CHAKRA :** cœur.
- **PURIFICATION :** eau salée ou fumigation.
- **RECHARGEMENT :** lors de la pleine Lune ou à la lumière naturelle.

Aventurine verte

- **BIENFAITS PHYSIQUES :** l'aventurine verte contient des inclusions de fuschite, ce qui stimule le métabolisme et favorise la croissance (notamment chez les adolescents). Elle aide également à lutter contre les irruptions cutanées et l'acné mais aussi le cholestérol. Elle peut être associée au quartz rose pour faire un travail complet sur le chakra du cœur.
- **BIENFAITS PSYCHOLOGIQUES :** elle peut aider à entrer dans un état méditatif, car elle encourage l'introspection et favorise la remise en question. Elle rend plus patient·e et persévérant·e, c'est d'ailleurs pour cette raison qu'elle est conseillée pour les entrepreneur·e·s ! Elle apporte de la tolérance et du calme.
- **UTILISATION :** pour oser prendre des risques et dévoiler ses sentiments.
- **CHAKRA :** cœur.
- **PURIFICATION :** eau claire ou fumigation.
- **RECHARGEMENT :** lors de la pleine Lune ou à la lumière naturelle.

Jade néphrite

- **BIENFAITS PHYSIQUES :** la jade néphrite apaise les maux de tête et permet à la température du corps de se réguler. Elle accompagne les traitements contre les troubles chroniques causés par la nervosité. D'ailleurs, elle est réputée pour son action sur les reins et les glandes surrénales.
- **BIENFAITS PSYCHOLOGIQUES :** elle aide le·la porteur·se à être plus tolérant·e et moins exigeant·e envers soi-même. Elle diminue aussi la tendance à juger les autres et favorise l'honnêteté, le sentiment de justice et l'objectivité. Parfaite pour les négociations, on la conseille généralement aux personnes qui travaillent dans le secteur de la communication ou de la médiation. De plus, elle réduit le stress.
- **UTILISATION :** pour faire preuve d'honnêteté et apprendre le lâcher-prise.
- **CHAKRAS :** cœur et 3e œil.
- **PURIFICATION :** eau claire.
- **RECHARGEMENT :** lors de la pleine Lune ou à la lumière naturelle.

Rubis sur fuschite

- **BIENFAITS PHYSIQUES :** cette belle pierre vert et rose contribue à la récupération physique après une activité sportive, mais également après une blessure musculaire. Elle apporte la vitalité, stimule la circulation sanguine et permet de garder le cœur en bonne santé.

- **BIENFAITS PSYCHOLOGIQUES :** elle donne confiance en soi, en ses compétences et en ses talents uniques. Elle apporte le courage et la motivation. Calmante et apaisante, elle est idéale pour les personnes qui ont besoin de stabiliser leurs émotions.
- **UTILISATION :** pour stabiliser les émotions et booster la confiance en soi.
- **CHAKRA :** cœur.
- **PURIFICATION :** eau salée ou fleur de vie.
- **RECHARGEMENT :** lors de la pleine Lune ou à la lumière naturelle.

RITUELS

La romance idéale, selon moi – et ma bonne étoile

Cher Univers,

J'AIMERAIS AIMER

Ce dont tu as besoin pour réaliser ce rituel :

- Plusieurs feuilles de papier (dont une, plus grande, un peu cartonnée si tu en as à ta disposition)
- Des stylos-billes
- Des crayons ou des feutres
- Des ciseaux, de la colle et des images qui représentent l'homme ou la femme idéal·e à tes yeux

✱ Premièrement, décris sur une feuille la vision que tu as de l'amour aujourd'hui et pourquoi tu as cette vision. Pour t'aider, voici quelques questions à te poser :

- » Que représente l'amour à mes yeux ?
- » Quelle est ma définition d'un couple ou d'une relation épanouissante ? Pourquoi ?
- » Quelle place je souhaite accorder à l'amour dans ma vie ? Pourquoi ?

* Puis, décris ta vision de l'amour lorsque tu étais enfant. Par exemple, étais-tu du genre à admirer les contes de fées ? À rêver du prince charmant ? Ou, au contraire, trouvais-tu cela barbant et, pour toi, les bisous rimaient-ils avec « dégoût » ? Que pensais-tu du couple ? Rêvais-tu de te marier ? Comment te voyais-tu plus tard ?

* Ensuite, si le cœur t'en dit, observe les différences entre ces deux perceptions de l'amour, celle d'hier et celle d'aujourd'hui. Sont-elles similaires ? Sinon, qu'est-ce qui a provoqué ce changement ? Es-tu OK avec cette évolution ? Sinon, quels ajustements souhaites-tu apporter ?

N'hésite pas à prendre une pause pour observer les émotions qui te traversent après la rédaction de cette lettre.
D'ailleurs, tu peux noter chaque émotion qui te submerge, inspirer et expirer profondément pour l'accueillir (que tu la considères positive ou négative) puis la relâcher.

Un·e amoureux·se SUR MESURE

Ce rituel est assez spécial car il va te replonger directement au centre de ton cœur et des rêves d'amour que tu cultivais durant ton enfance.
Il se base sur la loi de l'attraction et le pouvoir de manifestation. Car l'Univers t'écoute à chaque instant : il faut juste lui donner des indications précises sur ce que tu souhaites. C'est à toi de faire le tri dans tes attentes, de t'éloigner de ce qui ne te convient pas pour adresser clairement tes demandes. Imagine, c'est comme si tu disais à tes proches « J'aimerais être en couple avec quelqu'un de bien », mais que tu ne précisais pas le genre de partenaire que tu souhaites

réellement avoir dans ta vie. Si tu ne donnes aucune indication sur la personne que tu recherches, il y a peu de chances que tes ami·e·s te présentent un·e bon·ne candidat·e !
Il est tout à fait possible que tu n'aies pas encore une idée claire du type de personne que tu souhaites accueillir dans ton quotidien ! Si c'est le cas et que tu sèches face à ces demandes, reviens à cet exercice plus tard. Tu peux tout à fait construire petit à petit le portrait-robot de ton·ta partenaire idéal·e en notant, au fil de tes rencontres et de tes expériences, tout ce que tu as apprécié chez les gens qui ont croisé ta route. Ça t'aidera à préciser tes désirs et tes souhaits profonds.

NB : Si tu es en couple, je t'invite à faire ce rituel pour voir si la majorité des éléments matchent avec la relation que tu entretiens actuellement. Tu peux même le faire avec ton·ta partenaire, pour le fun. Cela peut aussi amener des sujets de conversation profonds entre vous deux, et notamment vous permettre de voir si vos objectifs et vos envies sont toujours en cohésion.

Ce rituel consiste à dresser le portrait de ton homme ou de ta femme idéale. Tu peux le·la dessiner, ou faire des collages avec des parties que tu assembles. Laisse ton imagination parler pour toi et voir ce qui en ressort ! Oui, tu as le droit de rire, de pleurer, de montrer le résultat à tes ami·e·s, de l'afficher ou encore de le peaufiner et de le modifier au fil du temps. Car l'image que tu as de ta romance idéale se transforme, tout comme tes énergies changent jour après jour.
Tout autour de ce portrait, je t'invite à écrire les qualités que tu aimerais que cette belle âme possède et partage avec toi. Je t'invite également à dresser une liste des défauts que tu accepterais que cette personne ait et pourquoi tu es capable de les gérer. Personne n'est parfait, alors autant choisir les défauts de l'autre !

REAL-LOVE CHALLENGE :
MES AFFIRMATIONS POSITIVES

Lorsque tu sens que ton chakra du cœur est fermé, trop ouvert ou tout simplement que trop d'émotions te submergent, voici des mantras à répéter à voix haute (au lever ou au coucher) pour apaiser ton agitation ; n'hésite pas à inventer tes propres mantras pour qu'ils sonnent le plus justement pour toi.

Tu peux les répéter autant de fois que tu le désires. Et si tu n'es pas à l'aise pour les dire tout haut, tu peux les recopier dans un carnet de gratitudes ou d'affirmations quotidiennes.

Ne doute jamais de la puissance des mots que tu utilises. La différence entre « maux » et « mots » ne s'entend pas à l'oreille et ce n'est pas pour rien !

AFFIRMATIONS

Je suis aimé·e, aimant·e et apprécié·e.
Je choisis d'être doux·ce avec moi-même
et de m'aimer inconditionnellement.
Mon cœur est ouvert, aimant et pur.
Je m'aligne avec la fréquence la plus haute de l'amour.
Je suis capable de vivre dans l'amour.
Chaque jour, je m'aime un peu plus.
Je me pardonne et je pardonne à ceux et celles
qui ont pu me heurter.
J'accepte les choses telles qu'elles sont, tout est parfait.
Je mérite l'amour, la bienveillance et la douceur.
Je suis désiré·e et aimé·e.
Mon cœur est libéré des anciennes blessures
et traumatismes émotionnels.
....
....
....

CINQ POSTURES POUR OUVRIR LE CHAKRA DU CŒUR ET ACTIVER LA GUÉRISON ÉMOTIONNELLE

Posture du cobra ou BHUJANGÂSANA

Couché·e à plat sur le ventre, pose tes mains de part et d'autre de ta poitrine, en gardant les coudes près du corps. Pousse sur les paumes de tes mains pour monter légèrement le haut du dos, sans forcer – tu t'arrêtes là où c'est confortable selon tes limites du jour. Relâche les fessiers et contracte les abdos pour ne pas tirer sur le dos.

Posture du chameau ou USTRASANA

Assise·e sur tes genoux (en virasana), redresse-toi en avant sur les genoux, en les écartant à largeur du bassin et en décollant tes fesses de tes talons. Contracte le ventre, laisse tes pieds en extension sur le sol, puis tends les bras vers l'arrière en te penchant lentement. Le but est d'attraper tes talons avec tes mains, si c'est possible pour toi. Si oui, accentue la cambrure en imaginant que tes côtes doivent monter au ciel et relâche ta tête vers l'arrière pour ouvrir davantage l'espace du cœur.

Posture du poisson

ou MATSYASANA

Couché·e sur le dos, jambes allongées et collées l'une à l'autre, pieds joints (pas obligatoire si tu es plus à l'aise en les décollant), pose tes paumes sur le sol sous tes fessiers, et fixe un point au plafond. Cambre les reins et prends délicatement appui sur tes coudes pour décoller ton buste du sol et le soulever ; ta tête part vers l'arrière sans toucher le sol. Les mains sont toujours sous tes fesses et les omoplates se rapprochent le plus possible.

Posture de la déesse du Sommeil

ou SUPTA BADDHA KONASANA

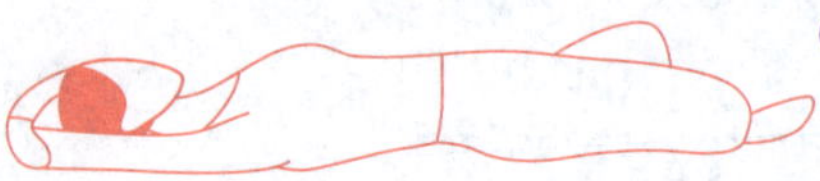

Couché·e sur le dos, plie tes jambes pour coller tes plantes de pied l'une contre l'autre. Tes genoux doivent être pliés vers l'extérieur du tapis, les jambes restent collées au sol et les talons remontent au plus près de ton corps, sans que cela exerce de tension sur tes muscles. Ferme les yeux et respire calmement. Tu peux poser la main gauche (main du cœur) au milieu de ta poitrine et la main droite sur le bas de ton ventre. Si tu le désires, tu peux également mettre un support (couverture, coussin, etc.) sous ton dos pour ouvrir davantage l'espace du cœur et pour plus de confort.

Posture du chat-vache

ou MARJARASANA MUKHA

Installe-toi à quatre pattes, dans la posture de la table, les mains juste en dessous des épaules, les genoux juste en dessous des hanches, les pieds en extension sur le tapis. Inspire et creuse le dos en regardant le ciel et ouvre bien la poitrine. Ensuite, expire en faisant le dos rond et regarde le sol entre tes jambes en relâchant bien la tête, ainsi que la nuque. À répéter autant de fois que tu le souhaites.

SELF-LOVE TRACKING

J’évalue mes progrès, pas à pas

Voici un tableau qui te permettra de suivre tes progrès et qui t’incitera à prendre conscience des vibrations de ton cœur et de tout ce qui vient le nourrir. Il te donnera la possibilité d’ajouter des activités dans ton quotidien. N’hésite pas à le recopier pour l’utiliser chaque semaine !

ACTIVITÉS	L	M	M	J	V	S	D
Faire une liste de gratitudes							
Réaliser un rituel de Lune							
Écouter de la musique							
Complimenter quelqu’un·e							
Prendre note de ma période d’ovulation et de règles							
Réciter mes affirmations positives							
M’offrir un cadeau							
Rédiger mes intentions du moment							
Me fixer des objectifs							
Prendre un week-end off							
Écrire dans mon journal intime							
Prévoir une séance chez mon·a thérapeute							
Me complimenter							
Sourire à un·e inconnu·e dans la rue							
....							
....							
....							

POÈME ASTRAL

Au fond de moi brûle une flamme
Elle insuffle la vie et anime mon esprit
Elle a donné naissance à ce qui s'appelle « l'âme »
La lumineuse source de vie
Au cœur de moi-même et du cosmos
Elle est la clé de ce coffre à trésors fait de chair et d'os
Elle me rappelle de cheminer vers l'épanouissement
Jusqu'à ce que je me transcende voluptueusement

L'AMOUR de l'Âme

Ma chère étoile, la dernière partie de cet ouvrage se clôture par là où tout a commencé.

Eh oui ! Cette partie est consacrée à ton âme, à ton esprit, à la lumière qui s'est incarnée dans ton enveloppe charnelle et sans qui rien ne serait possible. C'est ton souffle de vie, ta flamme scintillante et ton étincelle unique.

Le mot « âme » vient du latin « *anima* » qui signifie « respiration », « souffle ». C'est un principe à la fois vital et spirituel, transcendant, qui serait la source de la vitalité d'un être humain, animal, ou même végétal, notamment car il anime son corps au quotidien.

Ton corps est comme un ordinateur ou un téléphone sans batterie ou sans électricité : c'est ton esprit qui vient l'activer, lui conférer une personnalité, une identité, mais également une intuition, ainsi qu'une intelligence.

Ton existence sur Terre, ton chemin de vie et tes divers projets d'âme sont là pour te rappeler qui tu es, profondément et authentiquement, pour te faire avancer vers les missions et les apprentissages pour lesquels tu es (re)descendu·e expérimenter la matière.

L'âme vient mettre en exergue le fait que tu es une créature de lumière, divine, qui a été conçue par la puissance d'une Source commune. Comme le montre si bien ta carte du ciel de naissance en astrologie, ton thème natal en tarologie ou encore ta charte personnelle en numérologie, ton âme est venue avec ses propres outils. Elle possède une boussole, ainsi qu'une carte pour traverser les épreuves et les défis auxquels elle risque d'être confrontée. Même si certaines situations sont bien plus confortables que d'autres, je te l'accorde, sache que tout ce que tu vis, aussi difficile, bouleversant ou déstabilisant que ce soit, te permet d'intégrer une sagesse inouïe, de mieux comprendre ta(tes) mission(s), de persévérer et d'évoluer. L'Univers ne t'envoie que ce que tu es prêt·e à recevoir.

Ensemble, découvrons ton âme et parcourons les divers outils qui peuvent t'aider à la nourrir. Ferme les yeux et accepte de te connecter à elle, tu apercevras cette lumière (pourtant invisible à l'œil nu) qui rayonne si fort au fond de toi.

Pour t'aider sur ce chemin, commence par réciter à voix haute :

« CHÈRE ÂME, MERCI DE ME FAIRE VIVRE LA PLUS GRANDE DES AVENTURES.

GRÂCE À TOI, JE SUIS AMOUR ET LUMIÈRE.

CAR TU M'OFFRES CONSTAMMENT UN FLUX D'ÉNERGIE DIVIN.

JE MÉRITE TOUTES LES BÉNÉDICTIONS QUI VIENNENT À MOI.

JE M'AUTORISE À M'ALIGNER AVEC CE QUI EST POUR LE MIEUX.

DÈS À PRÉSENT, J'ACTIVE MON RAYONNEMENT SACRÉ ET MAGIQUE. »

L'AMOUR ET L'ÂME

Ce n'est pas pour rien que j'ai choisi d'accoler les mots « âme » et « amour » pour intituler ce livre *Am(e)our* ! Car y a-t-il sur Terre une vibration plus haute que celle de l'amour ?

« Amour » vient quant à lui du latin « *amor* », qui a longtemps été considéré comme féminin avant de devenir masculin ; on remarque que le féminin est néanmoins resté au pluriel puisque l'on dira « des amours délicieuses, des amours divines »…

En d'autres termes, il n'y a qu'un pas à faire entre âme et amour. C'est sûrement le sentiment qui nous rend le plus humain·e et plus vivant·e que jamais.

Le mot de Shana

À mon sens, le véritable amour ne se vit pas que dans notre réalité physique et ne se limite pas à l'étroite dimension du corps et du cœur. Je suis convaincue qu'il naît ailleurs, dans cet invisible qu'on appelle « éther », et que l'union des corps n'est que le résultat de cette rencontre entre deux âmes. Souvent, on accorde plus de place à la compatibilité physique et sexuelle entre deux êtres qu'à la connexion spirituelle. Pourtant, sur le long terme, c'est bien cette relation d'âme à âme qui permet l'épanouissement amoureux et une relation basée sur une profonde et véritable intimité.

J'ACCUEILLE L'AMOUR SELON LE CYCLE DE MON CHEMIN DE VIE, AVEC LA NUMÉROLOGIE

La numérologie est une discipline spirituelle qui se fonde sur l'interprétation des nombres et la croyance qu'ils auraient tous des propriétés et une vibration qui leur sont propres. La valeur de chaque chiffre indique sa fréquence vibratoire et permet l'interprétation et la compréhension de la psychologie d'une personne, ainsi que de son chemin de vie.

Calculé sur la base du prénom, du nom de famille et de la date de naissance d'un individu, le chemin de vie est immuable. L'année personnelle, quant à elle, change à chaque anniversaire puisqu'elle se calcule en intégrant l'année en cours et indique à une personne à quelle étape du cycle elle se trouve à un instant T. Chaque étape correspond à un numéro (année 1, année 2, etc.) et est associée à des énergies particulières, certaines étant plus propices que d'autres à des projets précis. Connaître l'année personnelle dans laquelle on se trouve permet donc d'accéder à sa « météo personnelle » et de prendre en compte les énergies dominantes pour adapter sa façon d'atteindre et de concrétiser ses objectifs. Cela s'applique également à la sphère sentimentale et relationnelle : certaines années personnelles seront plus favorables pour démarrer une relation, d'autres pour s'engager sur le long terme, d'autres encore pour explorer et découvrir de nouvelles personnes.

Pour calculer ton année personnelle en cours, tu dois additionner ton jour et ton mois de naissance, ainsi que l'année en cours. Ensuite, il faut réduire ce nombre en additionnant les chiffres qui le composent, jusqu'à obtenir un chiffre entre 1 et 9.
Par exemple : pour une personne née le 14.11.1995,
en 2022, son année en cours est : 14.11.2022
On additionne : 1 + 4 + 1 + 1 + 2 + 0 + 2 + 2 = 13 → 1 + 3 = 4
Cette personne est en année personnelle 4

L'année personnelle 1

C'est la première année du cycle, ce qui veut dire que c'est une année parfaite pour lancer des projets ; notamment ceux qui ont pu être abandonnés lors des dernières années. Profites-en pour les dépoussiérer et les remettre au goût du jour. Mobilise ton courage, ton audace et ton énergie : c'est le moment de donner le ton car cette année influencera les 8 prochaines du cycle en cours !

- **EN SOLO :** c'est une année parfaite pour commencer une nouvelle relation.
- **EN DUO :** c'est le moment de donner un coup de frais à ton couple.
- **MOTS-CLÉS :** volonté, courage, projets, commencement.

L'année personnelle 2

Dans la prolongation de l'année 1, cette année permet de faire aboutir les projets qui ont été précédemment initiés. Il convient d'ajuster le tir, de faire preuve de mesure et de réflexion. Cette année te permet de gagner en maturité et en sagesse : sois patient·e, consolide tes acquis et évite de prendre des risques.

- **EN SOLO :** c'est une année pour prendre soin de toi, te chouchouter et comprendre ce qu'il te faut réellement sur le plan relationnel.
- **EN DUO :** c'est le moment de faire des économies et de terminer les projets de couple lancés en année 1.
- **MOTS-CLÉS :** patience, ajustement, construction, aboutissement.

L'année personnelle 3

La créativité te donne des ailes ! Tu peux faire preuve de plus de légèreté et même t'autoriser de petits moments de folie. Tu innoves, sors des sentiers battus et tu épates ton entourage avec ton dynamisme. Tu te remets en question (pour le mieux) et tu saisis toutes les occasions qui se présentent à toi ! C'est une année où tu te sens comblé·e et épanoui·e.

» **EN SOLO :** tu rencontres beaucoup de nouvelles personnes, et peut-être même le·la futur·e élu·e !
» **EN DUO :** tu es d'humeur à pimenter ta relation et ajouter un zeste de folie à votre routine.
» **MOTS-CLÉS :** créativité, rencontre, joie, possibilités.

L'année personnelle 4

C'est une année de tri : un grand nettoyage s'opère au cours de cette année. Tu peux sentir que tu stagnes dans certains domaines, tu peux même avoir l'impression que tu n'as pas de prise sur ton quotidien. Ralentis le rythme, repose-toi et élabore un plan (selon tes objectifs professionnels et personnels) pour les prochains mois, voire les prochaines années.

» **EN SOLO :** évite de retomber dans le piège d'un·e ex ! Consacre-toi à tes passions.
» **EN DUO :** attention aux conflits et aux disputes, communique avec ton +1 et booke un week-end en amoureux·ses.
» **MOTS-CLÉS :** nettoyage, tri, repos, calme.

L'année personnelle 5

Voici une année de grands changements. À mi-parcours de ton cycle actuel, tu as le loisir de faire le bilan des quatre dernières années qui se sont écoulées ; c'est le moment de comprendre ce qui fonctionne bien et ce qui ne te convient plus pour clôturer un grand chapitre. Cette année, placée sous les signes de la diversité, de l'ouverture et de la découverte, est parfaite pour mettre un grand projet sur pied comme un mariage, un enfant, postuler pour une promotion ou encore programmer une reconversion professionnelle.

» **EN SOLO :** l'amour pourrait t'attendre au rayon des changements qui bouleversent...

» **EN DUO :** acheter une maison, se marier, discuter bébé ou tout simplement prévoir un voyage en tête à tête : c'est le moment de se lancer !

» **MOTS-CLÉS :** changement, avancée, surprises, bilan.

L'année personnelle 6

C'est une année de challenge qui te demande de faire les bons choix pour trouver ton équilibre intérieur. Tu prends conscience de tes responsabilités au quotidien et tu fais rayonner ton ambition, mais tu dois également apprendre à poser tes limites et à ne pas te laisser influencer par les énergies négatives des personnes qui t'entourent. Cultive la pensée positive.

» **EN SOLO :** c'est le moment de t'engager dans une relation qui te convient et de trouver ta stabilité.

» **EN DUO :** le temps est à la discussion avec ton·a conjoint·e pour faire le point sur vos attentes respectives.

» **MOTS-CLÉS :** ambition, responsabilités, rationalité, équilibre.

L'année personnelle 7

C'est une année stable, sans grandes surprises, au cours de laquelle tu apprends à valoriser les petits bonheurs du quotidien. Tu peux être d'humeur à veiller à la bonne santé de tes finances. Par exemple, mettre en place un budget, te renseigner sur de potentiels investissements et faire des économies. Tu veilles également à ta routine personnelle en troquant des mauvaises habitudes contre des activités plus favorables et stimulantes pour toi. Moins ouvert·e à la rencontre, tu as besoin de temps pour toi. C'est une année calme.

» **EN SOLO :** tu peux guérir d'anciennes blessures ou alors les revivre afin de clôturer le chapitre.

» **EN DUO :** prends le temps de stabiliser ta relation et d'apporter des *good vibes* à ton binôme.

» **MOTS-CLÉS :** stabilité, tranquillité, finance, routine.

L'année personnelle 8

Ô abondance ! Tu récoltes le fruit des sept dernières années qui viennent de s'écouler et tu vois enfin les résultats de tout ce dur labeur. Tes efforts sont reconnus par tes pairs : tu suscites l'admiration et les compliments. Tu dois apprendre à rester humble pour ne pas que la roue tourne de manière défavorable. Fais-toi confiance, tout en restant modeste : l'Univers te récompensera davantage !

» **EN SOLO :** tu fais tourner les têtes, à toi de faire le bon choix !

» **EN DUO :** autorise-toi une folie à deux, surprends ton·ta partenaire et fais-lui une grande déclaration.

» **MOTS-CLÉS :** manifestation, abondance, récoltes, cadeaux.

L'année personnelle 9

Prépare-toi à être secoué·e, autant sur le plan physique qu'émotionnel. C'est le moment ou jamais de fermer les derniers dossiers en cours et de clôturer les projets avant de préparer le cycle suivant. Quoi qu'il en soit, ne force pas, ne vide pas tes réserves d'énergie, mais fais confiance à ton intuition et laisse-toi guider vers le début de la fin… Si tu restes bien aligné·e avec ce qui est juste pour toi, tu ne pourras qu'être fièr·e à l'arrivée !

» **EN SOLO :** si tu viens de sortir d'une relation, profites-en pour te débarrasser des sentiments négatifs. Accepte de t'ouvrir à de nouvelles choses. Si tu es célibataire depuis longtemps, dresse une liste de ce qui te rend heureux.·se en solo et de ce que tu souhaiterais pour ton couple (si être en couple est un de tes projets !).

» **EN DUO :** fais le point sur ta relation actuelle, observe les points positifs et négatifs, ajuste ce qu'il faut. Si tu estimes être dans une relation épanouissante, *enjoy*, et dis à l'autre que tu l'aimes. Si tu estimes être dans une mauvaise relation, clôture-la et recentre-toi sur ton bien-être.

» **MOTS-CLÉS :** concrétisation, aboutissement, lâcher-prise, clôture.

LES PIERRES D'OUVERTURE DE L'ESPRIT ET D'APAISEMENT

Ces pierres favorisent ta (re)connexion à ton esprit, à ton intuition profonde et à ce qui est juste pour ton âme. Certaines t'aident à entrer dans un état méditatif, à faire le tri dans le brouhaha de tes pensées et à laisser tomber les pensées limitantes, tandis que d'autres viennent booster ton potentiel et rendent plus audibles les messages de tes guides, de l'Univers, ou accompagnent tout simplement l'ouverture de ton 3e œil.

Améthyste

- **BIENFAITS PHYSIQUES :** cette magnifique pierre violette est réputée pour détendre les muscles, notamment ceux de la nuque et des épaules. Elle permet d'éliminer plus facilement les éléments négatifs dont le corps a besoin de se nettoyer (alcool, médicaments, toxines, etc.) et permet de réduire le sentiment de dépendance.

- **BIENFAITS PSYCHOLOGIQUES :** l'améthyste est la pierre de détente par excellence car elle est synonyme de calme mental et de relaxation. Elle est préconisée pour les personnes qui sont très anxieuses et qui ne parviennent pas à lâcher prise. Elle favorise l'ouverture de l'esprit, renforce l'intuition et permet même de faire des rêves prémonitoires.

- **UTILISATION :** pour apprendre à faire confiance à son intuition.

- **CHAKRAS :** 3e œil et couronne.

- **PURIFICATION :** eau déminéralisée ou fleur de vie.
- **RECHARGEMENT :** lors de la pleine Lune.

Sélénite

- **BIENFAITS PHYSIQUES :** cette petite pierre blanche aide à contrer les troubles et pertes de mémoire. Elle est aussi conseillée pour les personnes qui perdent leurs cheveux ou chez qui des signes de vieillesse se manifestent subitement (rides fortement marquées du jour au lendemain, taches de vieillesse et peau fragilisée...). Enfin, comme c'est une pierre de lune, elle est réputée, tout comme sa cousine, pour booster la fertilité et permettre aux personnes qui désirent un enfant d'accélérer le processus de procréation.
- **BIENFAITS PSYCHOLOGIQUES :** elle permet d'augmenter la qualité du sommeil et de lutter contre les insomnies et les troubles du sommeil en éloignant les énergies négatives et le stress. Elle est parfaite en accompagnement lors des méditations et des rituels de manifestation ou pour se concentrer sur une tâche importante.
- **UTILISATION :** pour chasser les mauvaises énergies et apporter l'apaisement.
- **CHAKRAS :** 3e œil, couronne et sacré.
- **PURIFICATION :** fumigation ou fleur de vie.
- **RECHARGEMENT :** lors de la pleine Lune.

Labradorite

- **BIENFAITS PHYSIQUES :** cette sublime pierre scintillante aux reflets bleus est un précieux soutien lors des grosses périodes de fatigue – voire d'épuisement physique. La labradorite dorée sera à privilégier pour reposer la vue et limiter la fatigue mentale.
- **BIENFAITS PSYCHOLOGIQUES :** véritable pierre de protection mentale et physique, la labradorite est souvent appelée « pierre du thérapeute » car elle absorbe les énergies négatives environnantes et empêche que celles-ci n'atteignent le porteur. Elle est idéale pour les personnes empathiques et hypersensibles.
- **UTILISATION :** pour absorber l'énergie négative d'un partenaire – ou d'une ancienne relation.
- **CHAKRAS :** 3e œil et couronne.
- **PURIFICATION :** eau salée ou fleur de vie.
- **RECHARGEMENT :** lors de la pleine Lune.

Sodalite

- **BIENFAITS PHYSIQUES :** cette pierre indigo permet d'apaiser la tension, de réguler les glandes thyroïdiennes et de soulager les yeux. Elle calme la fièvre et fait diminuer la pression sanguine. Le seul fait de la regarder en respirant profondément permet de réduire l'angoisse ou la pression ressentie au niveau de la gorge ou des poumons.

- **BIENFAITS PSYCHOLOGIQUES :** la sodalite apaise les esprits agités, vifs et (trop) rapides. Elle permet de se connecter directement à son 3e œil, de libérer son intuition et de faire preuve de clairvoyance, notamment lorsqu'une grande décision doit être prise. Elle favorise la connexion aux dons médiumniques (visions, flashs, ressentis puissants, etc.).
- **UTILISATION :** pour se confronter à la réalité et faire le bon choix pour soi-même.
- **CHAKRAS :** 3e œil et gorge.
- **PURIFICATION :** eau salée ou fleur de vie.
- **RECHARGEMENT :** lors de la pleine Lune ou à la lumière naturelle.

Calcédoine blanche

- **BIENFAITS PHYSIQUES :** cette pierre laiteuse permet de fluidifier la parole car elle réduit les bafouilles, les bégaiements ou encore les enrouements de la gorge. Elle soutient également les personnes qui désirent perdre du poids ou qui sont dans un inconfort physique et permet de lâcher les addictions.
- **BIENFAITS PSYCHOLOGIQUES :** la calcédoine apporte la paix intérieure, favorise l'ouverture aux autres et permet donc de rencontrer du monde, mais aussi de fortifier les relations existantes. Elle contribue également à apporter du réconfort lors des périodes difficiles, stressantes et angoissantes ou encore lors d'une rupture.
- **UTILISATION :** pour ouvrir la discussion avec l'autre et être dans le non-jugement.

- **CHAKRAS :** gorge, sacré et 3e œil.
- **PURIFICATION :** eau salée ou fleur de vie.
- **RECHARGEMENT :** lors de la pleine Lune ou à la lumière naturelle.

Angélite

- **BIENFAITS PHYSIQUES :** cette jolie pierre bleu pâle aide à accepter son corps tel qu'il est et à l'aimer dans son entièreté. Elle réduit les sensations de ballonnements et la rétention d'eau et permet de se reconnecter à sa condition matérielle.
- **BIENFAITS PSYCHOLOGIQUES :** l'angélite ne porte pas son nom pour rien ! En effet, elle est fortement utilisée par les personnes investies dans la spiritualité pour se connecter aux guides et aux anges, notamment afin de recevoir leurs messages lors d'une lecture d'âme ou d'un tirage de cartes. Elle permet donc de solliciter la protection et l'aide de ses êtres lumineux. Enfin, elle permet au porteur d'être plus patient, de communiquer plus posément et de faire le vide en soi.
- **UTILISATION :** pour éviter de répéter un schéma relationnel et attirer à soi les bonnes rencontres.
- **CHAKRAS :** gorge et 3e œil.
- **PURIFICATION :** eau salée ou fleur de vie.
- **RECHARGEMENT :** à la lumière naturelle.

Cristal de roche

- **BIENFAITS PHYSIQUES :** cette pierre augmente le taux vibratoire, d'ailleurs il est conseillé de la porter avec une autre pierre pour qu'elle intensifie les bienfaits de celle-ci. Ses principales actions se font sur le plan psychologique et non physique ; son utilisation est déconseillée pour les personnes qui manquent d'ancrage.
- **BIENFAITS PSYCHOLOGIQUES :** le cristal de roche (ou quartz blanc) ouvre l'esprit et permet aux tempéraments très têtus d'accepter les idées nouvelles. Cette pierre stimule la connexion à l'invisible et favorise donc la médiumnité et la réceptivité de la personne qui la porte. Attention, elle peut provoquer une sensation de vertige et de tournis ; auquel cas, il faut arrêter de la porter.
- **UTILISATION :** pour apporter un regain d'énergie et s'ouvrir aux synchronicités.
- **CHAKRA :** couronne.
- **PURIFICATION :** eau déminéralisée ou fleur de vie.
- **RECHARGEMENT :** lors de la pleine Lune.

LES SIGNES ASTROLOGIQUES ET LES COMPATIBILITÉS AMOUREUSES

En astrologie, les compatibilités amoureuses sont très significatives, notamment parce qu'elles s'appuient davantage sur la rencontre entre « deux énergies distinctes » et deux Univers (deux thèmes astraux) uniques. Ces (in)compatibilités peuvent te permettre de mieux comprendre l'attraction que tu peux ressentir envers quelqu'un·e mais aussi la répulsion ou les potentiels conflits que tu peux vivre avec une personne à divers moments de ta vie.

Dans cette partie, je te fais part des grandes compatibilités selon ton signe astrologique, elles s'appuient donc uniquement sur les signes solaires (et ne prennent pas en compte l'entièreté des thèmes astraux). Pour réaliser une carte précise de compatibilité amoureuse – qu'on appelle une synastrie – il faut examiner à la loupe chaque interaction visible sur la superposition des deux ciels des partenaires*.

* Si tu veux plus d'informations sur la façon d'analyser une synastrie, tu trouveras tous mes conseils dans *Astrolove*.

Le mot de Shana

Les compatibilités entre signes solaires sont également valables pour tous les éléments visibles sur une carte du ciel. En effet, les relations de compatibilité (ou d'incompatibilité) entre les signes zodiacaux s'appliquent au Soleil mais aussi aux autres planètes ; de la même façon qu'un Soleil en cancer sera peu compatible avec un Soleil en Bélier (car ils appartiennent à deux éléments opposés : l'eau et le feu), une Lune, une Vénus ou une Mars en cancer sera peu compatible avec une autre Lune, Vénus ou Mars en Bélier.

Pas de panique ! Deux Soleils incompatibles ne veulent pas dire que vous n'êtes pas fait.e.s pour être ensemble ! D'autres éléments, tels que vos Vénus, vos Lunes et vos Ascendants peuvent venir nuancer et équilibrer une incompatibilité. Leurs positions vont soit créer du liant entre vous et montrer ce qui fonctionne très bien entre vous, soit dévoiler les points qui risquent de coincer et qui nécessiteront plus d'attention, de vigilance et de communication pour que cette petite dissonance ne devienne pas un problème pour votre couple.

Bélier :
L'AMOUR ENFLAMMÉ

En tant que natif·ve du Bélier, tu es un·e grand·e indépendant·e et tu possèdes un cœur enflammé, passionné et plutôt sensible. Tu recherches un·e *partner in crime* qui te surprendra avec des jeux de séduction et qui te laissera être le·a chef·fe du couple. Tu attends de ta relation qu'elle soit simple mais intense : tu rêves d'un amour qui reste aussi chaud bouillant qu'au tout premier jour. Malgré ton cœur d'artichaut et tes fréquents coups de cœur imprévisibles (et impulsifs), tu as envie d'une relation sur le long terme rythmée par des réjouissances quotidiennes.

TON SIGNE COMPLÉMENTAIRE (meilleure compatibilité) est la Balance, qui t'apporte l'équilibre en toute chose, la douceur, la réflexion et la patience. Elle t'apprend aussi à ne pas tomber dans l'excès et qu'il est bon d'apaiser ton feu ardent quand il brûle les autres. De plus, la Balance, en tant que signe de l'amour par excellence, saura te prouver qu'une relation sur le long terme n'est pas ennuyeuse, notamment lorsque vous décidez, ensemble, de la redécouvrir chaque jour.

LES AUTRES SIGNES D'AIR, les Gémeaux et le Verseau, sont compatibles avec ton signe également. Ils viennent stimuler ton côté enfantin, tout en te laissant une grande liberté d'action.

LES SIGNES DE FEU, le Bélier, le Lion et le Sagittaire, vibrent sur les mêmes énergies. Ce sont des leaders aux tempéraments flamboyants qui raviront ton cœur volcanique.

COMPATIBILITÉ BONUS : le Scorpion qui est aussi chaud bouillant que toi et qui sait comment te tenir tête.

Taureau :

L'AMOUR ROMANTIQUE

En tant que natif·ve du Taureau, tu es difficilement impressionnable. D'ailleurs, tu peux même avoir du mal à déceler les signaux lorsque quelqu'un·e te fait des avances. Tu es capable de rester longtemps célibataire car tu préfères être seule que mal accompagné·e. Tu n'es pas du genre à flirter dans le vent : tu recherches la perle rare et, quand tu t'engages, tu t'engages vraiment. Tu es un·e romantique qui s'assume et qui a besoin autant de sécurité que de sensualité. Pour toi, amour (ou du moins affection) et sexualité vont de pair.

TON SIGNE COMPLÉMENTAIRE (meilleure compatibilité) est le Scorpion. Ce signe vient te faire comprendre ce qu'est la fusion émotionnelle, le partage sans barrières et la connexion profonde. Il parvient à t'inspirer confiance assez rapidement car le Taureau et le Scorpion, malgré leurs grandes différences, se surprennent à avoir les mêmes objectifs de vie et à œuvrer, main dans la main, pour les atteindre.

LES AUTRES SIGNES D'EAU, le Cancer et les Poissons, te mettent à l'aise également et te permettent ainsi d'ouvrir ton cœur sans réserve. Vous partagez une vision similaire de la famille et du foyer.

LES SIGNES DE TERRE, la Vierge, le Capricorne, mais aussi les autres Taureau, assurent ta stabilité et te permettent de te projeter sur le très long terme sans difficulté.

COMPATIBILITÉ BONUS : la Balance, qui est douce, rassurante, très romantique aussi et qui sait te surprendre avec ses déclarations d'amour subtiles.

Gémeaux :
L'AMOUR INTELLECTUEL

En tant que natif·ve des Gémeaux, tu apprécies particulièrement l'humour et l'intelligence. Tu t'attarderas davantage sur une personne qui a une bonne répartie, qui aime prendre des risques, qui est avide de liberté et qui flirte ouvertement (sans tabou). Même si l'attirance physique reste un minimum essentiel, c'est avec de belles paroles que tu te laisseras généralement charmer. Tu peux te montrer plutôt classique au premier rencard, mais très séducteur·rice et entreprenant·e dans l'intimité. Tu es une âme qui aime être stimulée et qui recherche l'aventure, ainsi que l'indépendance absolue.

TON SIGNE COMPLÉMENTAIRE (meilleure compatibilité) est le Sagittaire. Ce signe est drôle, fun, sans langue de bois, dynamique et très ouvert d'esprit. Bref, il réunit tout ce qu'il faut pour te lancer dans de grands débats et te faire passer de folles nuits. Curieux de tout, vous êtes capables, ensemble, de tout plaquer pour faire le tour du monde en 365 jours.

LES AUTRES SIGNES DE FEU, le Bélier et le Lion, sont capables de réchauffer à la fois ton mental et ton cœur. Avec leur passion et leur dynamisme, impossible de s'ennuyer !

LES SIGNES D'AIR, la Balance, le Verseau et les autres Gémeaux, s'accorderont parfaitement avec ton tempérament versatile, léger et unique en son genre.

COMPATIBILITÉ BONUS : le Capricorne, qui vient te stabiliser, te permettre de ne pas t'éparpiller pour garder tes objectifs personnels – mais aussi ceux de votre binôme – à l'esprit.

Cancer :

L'AMOUR SÉCURISANT

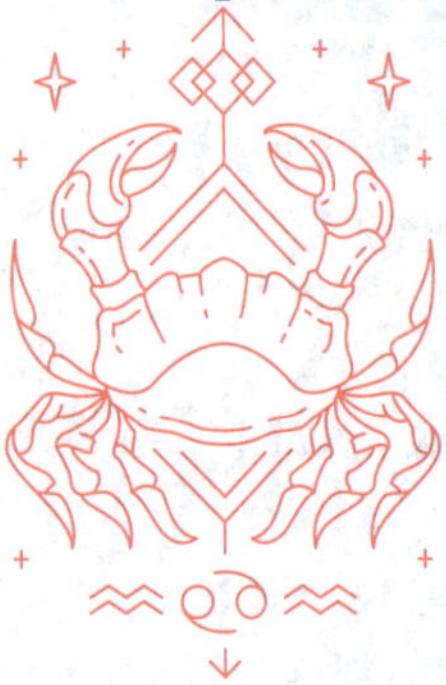

En tant que natif·ve du Cancer, tu es à la fois attachant·e et extrêmement autonome. Tu es un·e solitaire, assez indépendant·e, mais qui sait se montrer affectueux·se une fois loin du regard des autres. Paradoxalement, tu es très attaché.·e à tes proches mais tu aimes aussi te ressourcer en solitaire et tu as besoin d'avoir ton espace personnel. Ton·a partenaire idéal·e doit accepter cette ambivalence et se montrer très compréhensif·ve pour que tu te sentes en totale sécurité à ses côtés. Tu recherches la tendresse, le partage et une âme pour qui les valeurs familiales sont aussi importantes que pour toi. En effet, tu ne peux pas t'imaginer passer une soirée de famille sans ton binôme à tes côtés.

TON SIGNE COMPLÉMENTAIRE (meilleure compatibilité) est le Capricorne. Effectivement, ce signe est le parfait assemblage entre sécurité, stabilité, affection et valeurs familiales. À ses côtés, tu peux te relâcher complètement et cesser d'user de ton intuition à outrance pour éviter d'être blessé·e. Vous êtes tou·te·s deux à la fois fortement attaché·e·s au foyer que vous partagez et à votre ascension professionnelle.

LES AUTRES SIGNES DE TERRE, le Taureau et la Vierge, ont des tempéraments similaires et te permettront de trouver le bon équilibre entre émotivité et rationalité. Tu auras pas mal de choses à partager avec eux, autour de la table, lors des discussions et sous la couette aussi !

LES SIGNES D'EAU, le Scorpion, les Poissons et les autres Cancer, t'apportent mieux que quiconque l'apaisement mental et émotionnel.

COMPATIBILITÉ BONUS : le Sagittaire, qui t'incite à sortir de ta zone de confort, te fait rire et te stimule en ajoutant du piment dans ton quotidien.

Lion : L'AMOUR CHALEUREUX

En tant que natif·ve du Lion, tu cherches un·e partenaire qui apprendra à t'aimer pour tes qualités et tes défauts – en d'autres termes : pour le meilleur et pour le pire. Tu as besoin de quelqu'un·e qui te donnera énormément d'attention et d'affection. Le luxe et les paillettes ne sont pas primordiaux à tes yeux, tu valorises davantage un cœur tendre qui saura te rendre ta passion au quintuple et qui te prêtera une oreille attentive (surtout le soir, après une longue journée de boulot). Cette personne doit contribuer positivement à ta confiance en toi et te rassurer ; cela apaisera tes potentielles petites crises de jalousie ou de possessivité.

TON SIGNE COMPLÉMENTAIRE (meilleure compatibilité) est le Verseau. En effet, ce signe est réputé pour donner sans compter et pour réussir à montrer à ceux et celles qu'il aime qu'ils sont spéciaux à ses yeux. C'est tout ce dont tu as besoin pour te sentir à l'aise dans ta relation de couple. De plus, l'ouverture d'esprit et la créativité de ce signe te fascineront totalement.
LES AUTRES SIGNES D'AIR, la Balance et les Gémeaux, te plaisent particulièrement en raison de leur sens de la justice, leur éloquence et leur charisme. Tu parviens à projeter un peu de toi en eux et à créer quelque chose de fort entre vous.
LES SIGNES DE FEU, le Bélier, le Sagittaire, mais également les autres Lion, t'enflamment rapidement, et leur fougue et leur fort caractère te donnent envie de passer au cran supérieur.

COMPATIBILITÉ BONUS : le signe des Poissons, qui sait susciter ton intérêt avec son charme délicat, sa part de mystère et son côté rêveur.

Vierge : L'AMOUR DÉVOUÉ

En tant que natif·ve de la Vierge, tu n'es pas le·a plus romantique (en apparence), mais lorsque tu aimes réellement, tu es fidèle et dévoué·e. Tu accordes difficilement ta confiance à l'autre et tu es capable de rester sur tes gardes durant de longues semaines. Mais lorsque tu comprends que tu peux (enfin) te laisser aller, tu joues la carte de la romance à ton tour… Tu es capable de te souvenir des moindres petits détails concernant ton élu·e et tu n'hésiteras pas à faire le premier pas si tu estimes que le jeu en vaut la chandelle.

TON SIGNE COMPLÉMENTAIRE (meilleure compatibilité) est les Poissons. Sa vision extrêmement romantique et émotionnelle de l'amour te surprend et vient toucher quelque chose que personne d'autre auparavant n'avait réussi à faire jaillir de ton cœur. Vous êtes en osmose, malgré vos grandes différences, puissamment attirés l'un par l'autre.

LES AUTRES SIGNES D'EAU, le Cancer et le Scorpion, ont le don de te captiver avec leur intelligence émotionnelle et leurs grandes aptitudes spirituelles. Leur sensibilité exacerbée t'autorise à extérioriser la tienne.

LES SIGNES DE TERRE, le Capricorne, le Taureau, mais aussi la Vierge comme toi, t'apportent une douceur et un réconfort inouïs qui apaisent tes angoisses et ton stress quotidien.

COMPATIBILITÉ BONUS : le Verseau, qui sait comment te surprendre et faire jaillir la Vierge folle qui sommeille au fond de toi, de la meilleure des manières !

Balance : L'AMOUR ÉQUILIBRÉ

En tant que natif·ve de la Balance, tu es un·e grand·e romantique. Un·e vrai·e de vrai·e, un peu fleur bleue, il faut bien l'avouer ! Tu es du genre à réfléchir soigneusement au moment le plus propice pour changer ton statut Facebook et annoncer à tou·te·s que que tu t'es mis·e en couple. Tu cherches l'harmonie et l'équilibre, c'est pour cela que tu t'intéresses souvent à des personnes très différentes de toi. Tu réclames beaucoup d'attention de la part de ta moitié, tout en veillant à conserver une certaine indépendance.

TON SIGNE COMPLÉMENTAIRE (meilleure compatibilité) est le Bélier. Il vient te stimuler, t'aider à prendre des décisions sur le vif, qui viennent du cœur, sans te torturer mentalement pendant des heures. Il est plein de passion, et son feu vient réveiller en toi de grands fantasmes. Ensemble, vous trouvez le juste équilibre entre coup de foudre et amitié.

LES AUTRES SIGNES DE FEU, le Lion et le Sagittaire, viennent également rallumer la petite flamme qui sommeille en toi. Ils te fascinent avec leur entrain et leur optimisme à toute épreuve.

LES SIGNES D'AIR, les Gémeaux, le Verseau et les autres Balance, te captivent avec leur talent pour la communication et leur curiosité intellectuelle. Tu parles de tout et de rien avec eux et, en retour, ils t'apprennent énormément de choses, jour après jour.

COMPATIBILITÉ BONUS : le Taureau, qui vient t'apporter une vision de la vie différente de la tienne, plus calme et sereine. Ensemble, vous construisez un cocon harmonieux et plein d'amour.

Scorpion :
L'AMOUR *CALIENTE*

En tant que natif·ve du Scorpion, tu es intense, séducteur·rice, passionné·e et tu aimes être mis·e à rude épreuve, car tout ce qui peut être acquis de manière simple (notamment l'amour) te lasse vite. Tu ouvres difficilement ton cœur et, lorsque tu as le sentiment d'être trahi·e, il n'y a pas de retour en arrière possible. Avec toi, c'est tout ou rien. Si la passion n'y est pas, ou n'y est plus, tu rebrousses chemin et changes de direction ! Tu as besoin de ressentir une profonde connexion émotionnelle avec l'autre pour décider de t'investir. Sinon, tu préfères aller chercher la flamme ailleurs...

TON SIGNE COMPLÉMENTAIRE (meilleure compatibilité) est le Taureau. En effet, ce signe a une manière de voir les choses qui est radicalement différente de la tienne. Tu es dans les émotions, tandis que lui est sur la terre ferme : cette différence lui permet de se connecter à toi d'une manière unique et profonde. Ensemble, vous tissez un lien indescriptible basé sur la fusion et qui laisse de la place pour les ambitions et les sentiments de chacun.

LES AUTRES SIGNES DE TERRE, le Capricorne et la Vierge, te mettent directement en confiance. Ils t'offrent une vision des choses bien différente de la tienne, qui complète ton mode de fonctionnement au quotidien.

LES SIGNES D'EAU, le Cancer, les Poissons et les autres Scorpion, te comprennent instinctivement et acceptent tes parts d'ombre et tes parts de lumière. Vous tissez ensemble des liens émotionnels forts et presque indestructibles.

COMPATIBILITÉS BONUS : le Bélier, qui t'amuse avec son tempérament fougueux et dont la franchise brute et la loyauté te plaisent.

Sagittaire :
L'AMOUR LIBRE

En tant que natif·ve du Sagittaire, tu as une personnalité drôle, frivole et fun. Tu adores flirter et jouer avec les nerfs de l'autre pour faire monter la tension entre vous deux. Tu apprécies rarement les personnalités trop sensibles, car tu préfères l'action avant toute chose. Tu as besoin de connaître l'aventure avec un grand *A*, avant de t'installer de manière définitive en couple. Ton âme a besoin d'énormément d'espace et de liberté pour s'épanouir pleinement.

TON SIGNE COMPLÉMENTAIRE (meilleure compatibilité) est les Gémeaux. La dualité des Gémeaux te garantit que tu ne vas pas t'ennuyer un seul jour en sa compagnie ! Il te surprendra sans cesse avec ses idées tirées par les cheveux et t'incitera régulièrement à sortir de ta zone de confort. Et puis, soyons honnêtes : c'est chaud entre vous !

LES AUTRES SIGNES D'AIR, la Balance et le Verseau, t'excitent tout autant et pimentent ton quotidien avec leurs idées abracadabrantes et leur vision fraîche et avant-gardiste de la vie.

LES SIGNES DE FEU comme toi, le Bélier, le Lion et parfois même le Sagittaire, t'apportent leur lot d'aventures et de challenges jour après jour. Ça te plaît et tu en redemandes même au dessert !

COMPATIBILITÉ BONUS : le Cancer, que tu aimes particulièrement taquiner pour le faire sortir de sa zone de confort ! C'est ton point d'ancrage pour ne pas partir dans tous les sens ni laisser l'instabilité te gagner.

Capricorne :
L'AMOUR STABLE

En tant que natif·ve du Capricorne, tu es un roc sous lequel se cache une tendresse infinie. Pour te percer à jour, c'est un vrai parcours du combattant... Que certains adoreront et que d'autres détesteront. Cependant, lorsqu'une personne arrive à atteindre ton cœur, c'est une tout autre personnalité qui se dévoile. En effet, une part de ton âme romantique ne demande qu'à recevoir de l'affection et à construire une stabilité qui te permettra de faire une croix sur tes insécurités. Tu perçois l'amour comme un business dans lequel tu souhaites investir, un peu plus chaque jour, pour faire éclore de fabuleux projets.

TON SIGNE COMPLÉMENTAIRE (meilleure compatibilité) est le Cancer. Cet être sensible, attachant, mais aussi susceptible et ronchon fait définitivement fondre ton cœur ! Tu admires sa capacité, qui semble si naturelle pour lui, à extérioriser ses émotions sans peur et sans retenue. Vous avez tous deux énormément de choses à apprendre l'un de l'autre.
LES AUTRES SIGNES D'EAU, le Scorpion et les Poissons, te plaisent avec leur ambition, similaire à la tienne, et leur potentiel créatif. Tu es capable de les écouter des heures parler de leurs émotions et de leurs ressentis face à diverses situations de la vie.
LES SIGNES DE TERRE, le Taureau, la Vierge, mais aussi les autres Capricorne, captent ton attention avec leur tempérament pragmatique et rationnel. Tu te reconnais assez bien en eux, ce qui te permet de te projeter facilement à deux.

COMPATIBILITÉ BONUS : le signe des Gémeaux, qui vient te titiller pour découvrir la face cachée de ton iceberg et qui est capable de réveiller, en un seul mot, ton côté fou et sociable.

Verseau : L'AMOUR COMPLICE

En tant que natif·ve du Verseau, tu as un esprit libre, vagabond, et tu attends qu'on te montre de l'intérêt... mais avec une pointe d'originalité. Tu souhaites être auprès de quelqu'un·e avec qui partager tes loisirs, tes diverses activités, tes périples au bout du monde et, surtout, tu désires un·e partenaire qui t'aimera sans te juger. Souvent, il est préférable que ce soit l'autre qui fasse le premier pas, car tu auras du mal à saisir les appels du pied. Tu es une âme avec qui il est préférable de se lier d'amitié avant même de penser à l'amour.

TON SIGNE COMPLÉMENTAIRE (meilleure compatibilité) est le Lion. Ce signe, aussi rayonnant que généreux, sait très bien faire preuve d'ego quand c'est nécessaire, et il sera toujours là pour assurer tes arrières et te protéger, sans entraver ta liberté. Ensemble, vous vous ferez grandir mutuellement et rien ne pourra vous arrêter !

LES AUTRES SIGNES DE FEU, le Bélier et le Sagittaire, te feront rire et te permettront de relâcher la pression accumulée lorsque tu t'efforces de faire bonne figure et que tu disperses ton énergie à droite et à gauche.

LES SIGNES D'AIR, la Balance, les Gémeaux et les autres Verseau, te donnent cette impression d'être aimé·e et accueilli·e tel·le que tu es, sans faux-semblants et sans vouloir te contrarier. Avec eux,

tu peux à la fois te sentir libre comme un oiseau et rattaché·e à un foyer rempli d'amour.
COMPATIBILITÉ BONUS : la Vierge, qui est un peu comme toi, une fausse extravertie minutieuse et qui aime prendre soin des gens qu'elle aime dès qu'elle a brisé la glace. Vous vous aiderez l'un·e et l'autre à pallier vos défauts.

Poissons :
L'AMOUR SENTIMENTAL

En tant que natif·ve des Poissons, tu es un·e romantique timide, capable néanmoins de faire le premier pas si tu te sens en confiance avec une personne que tu aimes de tout ton cœur. Tu as besoin d'énormément d'attention, et ton·ta partenaire doit être stimulant·e et partager bon nombre de tes rêves, ainsi que de tes projets d'avenir. Flirter n'est pas ton fort, tu as besoin de t'engager et de te projeter à deux. Et puis, bien sûr, tu aimes avoir des grandes discussions à propos de tout et de rien...

TON SIGNE COMPLÉMENTAIRE (meilleure compatibilité) est la Vierge. Ce signe te permet de garder les pieds sur terre et de jeter à la poubelle les illusions pour transformer tes rêves en objectifs concrets. Vos deux visions de la vie se complètent, et vous tempérez vos défauts respectifs. C'est une personnalité à qui tu peux facilement te fier et te confier : vous vous dévouerez l'un·e à l'autre sans réserve.
LES AUTRES SIGNES DE TERRE, le Taureau et le Capricorne, t'apaisent et t'apportent un sentiment de sécurité émotionnel dont tu as besoin pour évoluer en toute sérénité. Vous avancez, côte à côte, à votre rythme et sans stress.

LES SIGNES D'EAU, le Scorpion, le Cancer et les autres Poissons, partagent ta forte connexion et ton attrait pour tout ce qui touche aux émotions, à l'intuition et la spiritualité. Avec eux, tu te sens comme un vrai poisson dans l'eau.

COMPATIBILITÉ BONUS : le Lion, que tu admires pour son aura rayonnante et sa grande générosité. Cet être te permet de te surpasser et te booste dès que tu en as besoin !

LE THÈME COMPOSITE : L'ESSENCE MÊME DE LA RELATION DE COUPLE

Le thème composite est une carte du ciel qui résulte de la fusion de ton thème natal avec celui de ton·ta chéri·e ! Contrairement à la synastrie, qui correspond à la superposition de vos deux thèmes astraux, c'est une toute nouvelle carte du ciel qui est créée sur la base de l'addition de vos placements du ciel : elle donne « naissance » à une minicarte du ciel qui représente l'essence de votre relation.
Elle ne parle donc pas directement de votre compatibilité, mais plutôt de ce qu'implique votre relation et pourquoi vous la vivez en ce moment même.
C'est le potentiel qu'incarne votre relation de binôme.

NB : Tout comme la synastrie, le thème composite ne se limite pas aux relations amoureuses et peut être étudié dans le cadre amical, familial ou professionnel.

Pour réaliser ta carte de la synastrie, rends-toi sur Astrotheme.fr, dans l'onglet « compatibilité », clique sur le bouton « calcul du thème composite ».

- **LE SOLEIL** du thème composite incarne la raison d'être de la relation, son énergie de base. C'est la leçon de vie que vient enseigner la relation (en fonction du signe et de la maison où le Soleil se situe).
- **L'ASCENDANT** du thème composite révèle la manière dont le couple s'est concrétisé, comment les choses ont démarré entre vous deux. Bien évidemment, il représente aussi l'image que renvoie votre couple aux autres.

- **LA LUNE** représente les émotions vécues au sein de la relation, les besoins affectifs et les réactions émotionnelles, ainsi que l'endroit où ils sont vécus au mieux. Le domaine où le couple se sent uni.
- **MERCURE** parle du type de communication, de la façon dont vous échangez dans votre intimité, dans votre cocon. Cela peut également donner des pistes pour améliorer votre expression sentimentale.
- **VÉNUS** donne des indications sur les valeurs, les idéaux, l'affection et le partage sentimental au sein du binôme, mais aussi la sexualité et comment les partenaires expriment leurs sentiments.
- **MARS** évoque les pulsions, la volonté, les désirs, mais aussi les potentiels conflits.
- **JUPITER** montre l'endroit où le couple progresse favorablement, comment les deux partenaires évoluent côte à côte et leurs aspirations pour leur avenir à deux.
- **SATURNE** rappelle les obligations, les limites et les remises en question nécessaires pour la bonne entente du duo et la leçon à en tirer.

- **URANUS** représente le changement progressif qui peut être vécu grâce à cette relation, mais aussi le secteur où les deux partenaires ont besoin de conserver leur indépendance.
- **NEPTUNE** est là pour montrer ce qui est idéalisé au sein de la relation et les rêves en commun.
- **PLUTON** pointe le secteur où les membres du couple seront appelés à faire preuve d'ouverture psychologique, de résilience et de courage pour traverser les défis, ensemble. C'est ce qui, en d'autres termes, peut menacer la relation et mener à des conflits.
- **CHIRON** indique une blessure commune qui est à guérir, due aux vies antérieures et aux retrouvailles dans la vie présente.
- **LILITH** souligne une autre blessure qui peut être source de crises. Elle doit être pansée pour que la relation dure sur le long terme.

COMMUNIQUER D'ÂME À ÂME

Que tu sois astrologiquement 100 % compatible ou non avec ton·a partenaire, la communication reste la clé pour une relation saine et épanouissante.

Voici deux outils pour faciliter les échanges entre ton·a +1 et toi.

La communication non violente (CNV)

Technique développée par le Dr Marshall B. Rosenberg, la CNV démontre l'importance de la langue et des mots utilisés. Cette méthode part du principe que, même si on a les meilleures intentions du monde, les mots que l'on emploie peuvent heurter et blesser l'autre si on ne choisit pas soigneusement nos termes.

« Les mots sont des fenêtres ou bien des murs »*, selon leur utilisation. La communication non violente vise ainsi à mettre du cœur dans tout discours, même le plus éprouvant et émouvant, afin d'être sûr·e que le message est bien transmis à son interlocuteur·rice.

ÉTAPE 1 : L'OBSERVATION

La première chose à faire lorsque tu désires initier une communication non violente, c'est d'observer la situation qui te paraît inconfortable. Sans jugement. Note quels sont les faits que tu apprécies et ceux qui te dérangent actuellement, en étant le·a plus précis·e et objectif·ve possible.

* Citation de Marshall B. Rosenberg.

ÉTAPE 2 : LE SENTIMENT

Après cette première constatation, le but est de formuler des émotions ou un sentiment sur les éléments qui te touchent. Tu dois te focaliser sur ce sentiment et non pas sur l'interprétation des gestes que tu tentes de décrypter ; cela passe par le fait de comprendre ce que tu ressens (cela peut être de la colère, de la frustration, de l'ennui…) sans essayer de projeter tes émotions sur l'autre pour interpréter ses actes – car ceux-ci lui sont personnels.

Par exemple : ton·a compagnon·e ne te dit pas ce qu'il·elle ressent, tu as la sensation qu'il·elle te cache des choses ou qu'il·elle te délaisse. Au lieu d'émettre directement un jugement et des reproches en disant « Tu me délaisses, tu ne prends pas soin de moi » ou encore « Tu m'oublies et tu ne me parles jamais », tu utilises la formulation de communication non violente : « Je ne me sens pas bien quand j'ai la sensation que tu ne me dis pas ce que tu as sur le cœur. J'aimerais qu'on dialogue davantage. »

ÉTAPE 3 : LE BESOIN

Identifie le besoin qui est insatisfait dans cette situation et qui crée ce sentiment négatif au fond de toi. Toute frustration ou colère ressentie naît d'un besoin qui n'est pas comblé. Tu dois donc apprendre à faire le lien entre ton besoin non satisfait et l'émotion vécue. Ce besoin peut être primordial et fondamental à tes yeux (communiquer, te sentir aimé·e et/ou soutenu·e…), il peut reposer sur une de tes valeurs (partager des moments à deux en famille, visualiser l'avenir ensemble…), mais aussi sur ta perception de la vie (répartir équitablement la charge de travail dans le foyer, sortir de votre zone de confort à deux, etc.).

Dans l'exemple ci-dessus, le besoin qui n'est pas satisfait est l'envie de dialoguer, de créer une intimité avec l'autre et d'approfondir la relation pour créer un climat de confiance.

ÉTAPE 4 : LA DEMANDE

Une fois que tu as pris le temps d'observer la situation, de prendre le recul nécessaire et de mieux comprendre les besoins et les sentiments qui se mêlent au sein de ton conflit actuel, c'est le moment de formuler ta demande. Cette demande doit être claire, explicite, exprimée de manière positive et sans imposer ton point de vue à l'autre.

Par exemple : « Que penses-tu de prévoir un peu de temps chaque jour pour qu'on se parle, sans distraction, de comment on se sent ? Personnellement, je ressens le besoin d'approfondir notre communication au quotidien. »

Voici un exemple d'application de ces quatre étapes :

- **ÉTAPE 1 :** Quand tu laisses la vaisselle sale s'accumuler, je me sens en colère.
- **ÉTAPE 2 :** J'ai la sensation de devoir tout faire, j'aimerais qu'on en discute.
- **ÉTAPE 3 :** J'ai besoin qu'on trouve une solution pour se répartir plus équitablement les tâches ménagères.
- **ÉTAPE 4 :** Serais-tu d'accord pour qu'on en parle ? On pourrait par exemple afficher un tableau de répartition des tâches ménagères à deux ?

Pour être sûr·e que la demande a bien été comprise, tu peux demander à l'autre de reformuler tes propos. Comme ça, plus aucun malentendu ne peut faire obstacle entre vous !

Cette démarche se veut très humaine et très « *slow* ». Elle exige de ralentir et de prendre conscience de ses sentiments, ses émotions. Si sa mise en place n'est peut-être pas évidente au début (surtout quand on a le sang chaud), elle peut s'avérer très utile et apaisante sur le long terme. Plus tu l'utiliseras, plus elle deviendra naturelle et tu pourras désamorcer les conflits. Cette technique suggère de laisser tomber les étiquettes qu'on peut se coller à soi-même ou à l'autre lors d'un conflit pour faire preuve de davantage d'empathie, d'abord envers soi-même, pour identifier tout ce qui est contrarié et blessé au fond de soi, puis envers l'autre afin de mieux l'écouter et ouvrir un espace d'échange pour trouver une solution à deux.

Le mot de Shana

Attention : le « tu » tue ! C'est le mot à proscrire lors des discussions houleuses. Quand on pointe l'autre du doigt (qu'il·elle soit en tort ou non), qu'on l'accable de reproches ou qu'on le·la blâme en lui dressant toute la liste des choses qu'on aurait souhaité qu'il·elle fasse pour nous… cela rompt définitivement la communication tout en créant un sentiment de culpabilité chez l'autre. Il est important de transformer le « tu » (par exemple : « Tu aurais dû faire ou dire telle chose ») en « je » (par exemple : « Je me suis sentie de telle manière quand cela s'est produit »). Cela aide à recentrer la discussion sur tes ressentis et permet à la personne en face de toi de mieux comprendre ton point de vue sans se sentir menacée ou désarmée.

Les cinq langages de l'amour

Cette théorie a été construite par Gary Chapman, conseiller conjugal américain, qui a observé au cours de ses années de pratique thérapeutique que l'un des principaux problèmes des couples qu'il recevait venait du fait qu'ils n'exprimaient pas leur amour de la même façon. En s'appuyant sur son expérience et les nombreux cas pratiques de son cabinet, il a distingué cinq langages distincts pour exprimer et manifester son amour.

Ces langages sont essentiels, car ce sont eux qui viennent remplir d'amour ce que Gary Chapman appelle notre « réservoir émotionnel ». Plus ce réservoir est rempli, plus nous nous sentons bien ; plus il est vide et plus nous tombons dans des émotions et des sentiments douloureux. Mais si son·sa partenaire ne parle pas le même langage de l'amour que nous, ses gestes d'amour et d'affection ne viennent pas remplir notre réservoir émotionnel : c'est comme si la caméra de surveillance ne repérait pas que quelqu'un·e vient de faire une livraison d'amour !

En identifiant comment soi-même et son·sa partenaire fonctionnent, on peut paramétrer la caméra de surveillance pour repérer les livraisons d'amour qui diffèrent de notre propre langage et expliquer à son·sa +1 comment adapter ses livraisons pour qu'elles correspondent à notre langage de prédilection.

NB : Chaque personne utilise un langage particulier, selon son vécu, son enfance, son caractère et sa manière de concevoir l'amour au quotidien ; on peut également avoir un langage « principal » et d'autres langages qui viennent le compléter.

1. LES PAROLES VALORISANTES

Ce langage regroupe les compliments, les encouragements, les marques d'affection exprimées à haute voix ou encore les « Je t'aime ». Ce sont des affirmations simples, positives et bienveillantes, données sans aucune contrepartie, qui verbalisent les sentiments. Elles apaisent, réconfortent et permettent à la personne qui les reçoit de se sentir soutenue et aimée.
Exemples : « Tu es beau·belle », « Je me sens bien avec toi », « Je suis content·e de passer du temps avec toi... », etc.

2. LES MOMENTS DE QUALITÉ

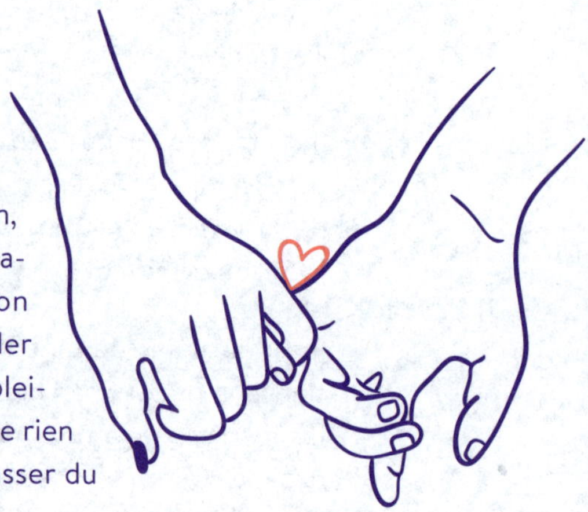

C'est le temps privilégié que l'on partage à deux. Ce moment où on coupe tout écran, où on met de côté tout élément perturbateur pour se consacrer seulement à son binôme, lui parler, l'écouter, le·la regarder ou le·la prendre dans ses bras en étant pleinement présent·e. Cela vient montrer que rien ne nous rend plus heureux·se que de passer du temps auprès de l'autre.
Exemples : aller au cinéma, passer un moment au restaurant, dîner en famille, etc.

3. LES CADEAUX

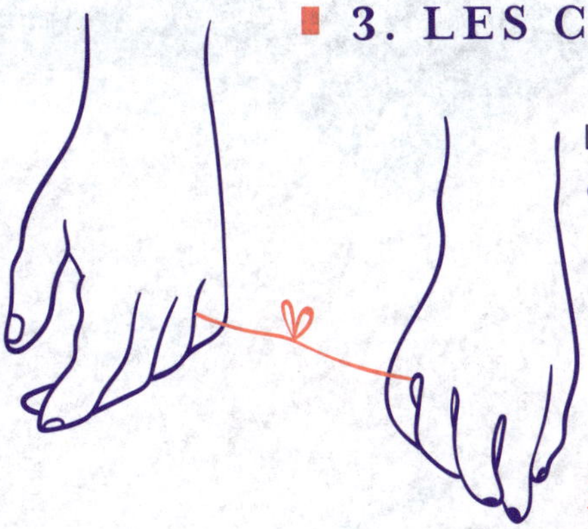

La valeur du cadeau n'a aucune importance, cela peut être très peu cher, fait main ou être luxueux… En tout cas, ce qui compte vraiment, c'est de montrer à l'autre qu'on a pensé à lui·elle, en lui offrant quelque chose qui montre qu'on est à son écoute, qu'on s'intéresse à lui·elle et qu'on le·la connaît véritablement.

Exemples : un bon pour un massage, une fleur, un vêtement, donner de son temps, etc.

4. LES SERVICES RENDUS

Rendre un service qui fait plaisir à l'autre. C'est tout un art car cela prouve que tu écoutes l'autre et que tu es capable d'anticiper ses besoins, ses désirs et notamment ce qui lui fait plaisir. Cela demande de la réflexion, de l'organisation et de l'énergie.

Exemples : cuisiner pour vous deux, aller le·la chercher au boulot, passer un coup de fil pour un rendez-vous important, etc.

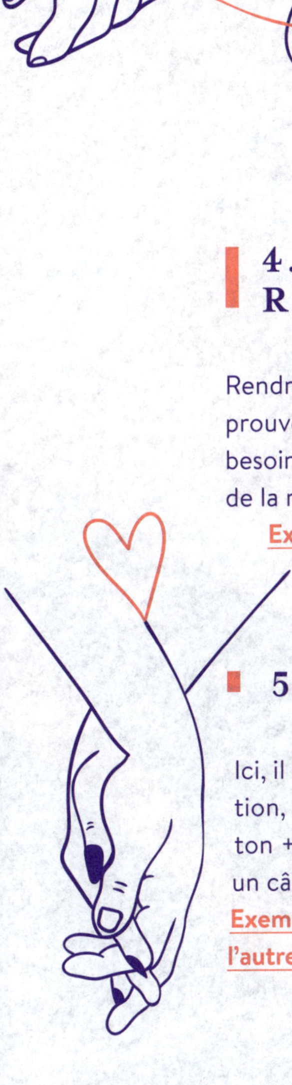

5. LE TOUCHER

Ici, il s'agit d'utiliser le contact physique pour exprimer son affection, son soutien, son amour. Peut-être que tu remarqueras que ton +1 est très tactile et aime te faire sentir son amour à travers un câlin, un bisou ou un massage ?

Exemple : donner un baiser, un câlin réconfortant, serrer la main de l'autre pour lui assurer son soutien ou partager une relation sexuelle.

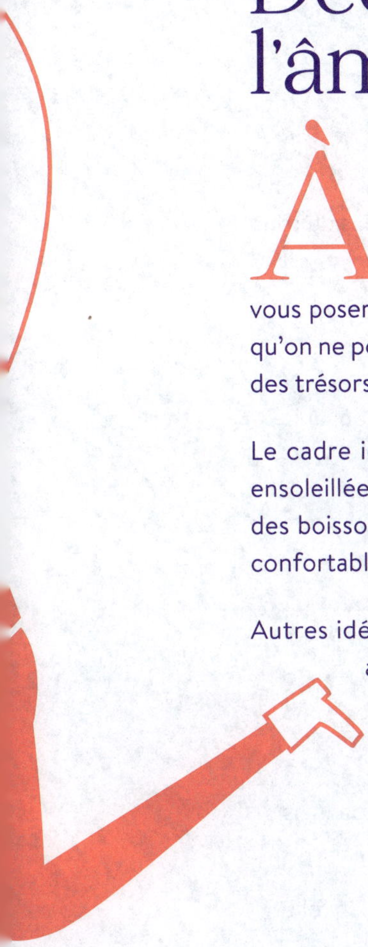

RITUEL

Découverte de l'âme en binôme

À travers ce petit rituel à faire en duo, vous allez apprendre à vous (re)découvrir mutuellement et à explorer des zones de votre esprit qui peuvent être inconnues, même pour vous-même. Le but est de vous poser des questions intimes, qui ne coulent pas de source et qu'on ne poserait pas au premier abord, car elles viennent déterrer des trésors et révéler des facettes cachées de vos personnalités.

Le cadre idéal pour réaliser ce petit rituel : lors d'une journée ensoleillée, choisissez une balade à faire à deux, préparez vos sacs, des boissons, de quoi grignoter et enfilez vos chaussures les plus confortables.

Autres idées : après une journée au spa, lors d'un week-end en amoureux·ses, ou tout simplement chez vous en réarrangeant votre salon pour lui donner une allure cosy et romantique.

QUESTIONS QUI APPELLENT LE SENTIMENT D'ÂME-OUR (VERSION JEUNE COUPLE)

- Quel est ton animal spirituel/totem ? Pourquoi ?
- Crois-tu en la notion de « destin » ?
- Cite trois de tes passions ! Quel sens ont-elles pour toi ? Quelle est leur origine ?
- Y a-t-il une opinion populaire avec laquelle tu n'es pas du tout d'accord ?
- Cite cinq évènements dont tu souhaites te souvenir toute ta vie.
- Qui était ton premier crush ? Tu en gardes un bon souvenir ?
- Quel genre d'enfant étais-tu ?
- C'était qui ton professeur favori ? Pourquoi ?
- Quel est ton plus grand objectif dans la vie ?
- Pourquoi sommes-nous compatibles selon toi ?

LISTE DES QUESTIONS QUI APPELLENT LE SENTIMENT D'ÂME-OUR (VERSION COUPLE CONFIRMÉ)

- Y a-t-il quelque chose d'important sur toi que je ne connais pas encore ?
- Si tu pouvais parler une autre langue parfaitement, laquelle ce serait ? Pourquoi ?
- Si tu pouvais être un·e expert·e dans un domaine, lequel ce serait ? Pourquoi ?
- Quelle est la personne qui t'a le plus influencé·e dans ta vie ? Que t'a-t-elle appris ?

- Est-ce qu'il y a un secret que tu aimerais partager ?
- Comment perçois-tu l'amour aujourd'hui, au regard de notre expérience ?
- Quel est ton plus grand challenge actuellement ? (Professionnel, personnel, familial...)
- Quel est ton endroit favori sur la Terre ?
- Nomme trois choses qui te rendent heureux·se actuellement.
- Cite cinq choses qui sont sur ta liste « à faire avant de mourir ».

LES RENCONTRES KARMIQUES

La réalité
DES ÂMES SŒURS

Ah ! Les âmes sœurs ! Ce concept vu et revu, décliné en des dizaines de théories et de légendes, repensé et réécrit à l'infini à travers des romances fictives, mais aussi de grandes histoires d'amour dans la vie réelle. Il faut avouer que cette thématique vient nous confirmer que l'humain est un être romantique pour qui la quête de l'amour (et de ses mystères) semble l'objectif de vie principal.

DÉFINITIONS

ÂME SŒUR (N.F.) : l'âme sœur est une âme qui serait issue de la même famille d'âmes que soi. C'est une âme que tu aurais déjà connue dans d'autres vies (des vies antérieures) et que tu retrouves au cours de tes différentes incarnations à la suite d'un pacte passé jadis entre vous – pacte que l'on appelle « le contrat d'âme ». Cette âme t'épaule et te permet de surmonter des défis sur ton chemin de vie.

La relation qui t'unit à ton âme sœur peut être amoureuse, amicale, familiale ou encore professionnelle, si c'est avec un·e collègue de travail… Cela peut être une relation romantique ou platonique selon le contexte et les circonstances de la rencontre.

Contrairement à ce que l'on pense généralement, l'âme sœur ne se limite donc pas à l'archétype de ton·a partenaire idéal·e, et surtout on parle d'âmes sœurs plutôt que d'une âme sœur : il est tout à fait normal d'en avoir plusieurs et d'en rencontrer plus d'une au cours de sa vie.

CONTRAT D'ÂME (N.M.) : pacte signé entre deux âmes qui se sont promis de se retrouver à un certain moment de leur incarnation, à un certain lieu et pour une certaine durée.

RELATION KARMIQUE (N.F.) : décrit généralement un lien d'âme à connotation négative. Cette âme est là pour te confronter à tes parts d'ombre et à certaines de tes blessures pour te permettre de les guérir afin de t'élever vers ton Toi Supérieur. Cette relation karmique a pu être entretenue durant d'autres incarnations, tout comme elle peut être propre et unique à la vie que tu vis actuellement.

Attention, une relation karmique peut avoir une issue positive si les leçons de vie ont été comprises et intégrées comme il se doit. Ce genre de relation se vit en amour, en amitié et peut surgir dans le cadre familial également.

LE RÔLE DE CETTE ÂME SŒUR

Le rôle de cette âme n'est pas toujours bien perçu ni toléré. Effectivement, autant certaines âmes sœurs restent à tes côtés pour toujours – ou jusqu'à ce que la mort vous sépare, autant d'autres sont uniquement de passage pour un temps prédéfini afin de te faire (re)vivre une de tes blessures et ainsi te donner une leçon de vie. D'un point de vue extérieur, ces relations peuvent donc aussi être difficiles, voire douloureuses : elles interviennent à des moments ponctuels pour te faire traverser des épreuves (positives ou négatives) qui te rapprocheront de ta(tes) mission(s) de vie.

TROUVER L'ÂME SŒUR

L'âme sœur ne se trouve pas, elle s'impose à nous, elle se présente à un des plus grands rendez-vous de notre vie. Elle arrive au « bon moment ». Et lorsqu'elle (re)part, même si c'est difficile et douloureux, c'est toujours au moment le plus propice également. Il est inutile d'essayer de forcer le cours des choses. *Trust the timing of your life* : elle te le rendra bien ! ☺

10 SIGNES QUI PROUVENT QUE TU AS RENCONTRÉ UNE ÂME SŒUR

- Tu as le sentiment d'avoir déjà connu cette personne, tu as une sensation de « déjà-vu ».
- Ce que tu ressens pour cette personne est puissant, intense, presque inexplicable.
- Tu te sens à l'aise avec cette personne et tu lui fais directement confiance.
- Vous vous comprenez, sans vous parler, de manière quasi télépathique.
- Vous partagez beaucoup de points communs.
- Cette personne te lance de sacrés défis qui te demandent de te dépasser.
- Il·Elle a pu te faire revivre certaine de tes blessures de l'âme.
- Vous êtes différent·e·s, mais vous affrontez le monde en regardant dans la même direction.
- Cette relation t'apaise : avec lui·elle, tu te sens à ta juste place.
- Si c'est une relation d'ordre sentimental, vous retombez amoureux·ses l'un·e de l'autre perpétuellement.

Et les flammes jumelles ?

Flamme jumelle (n.f.) : se dit d'une personne qui partage la « même âme » que soi, car celle-ci aurait été séparée en deux corps distincts au moment de votre incarnation. Cette âme est là pour te canaliser et permettre ton éveil spirituel.

La flamme jumelle est donc une âme qui serait identique à la tienne, un double de toi qui se serait incarné dans un autre corps. Le but serait donc de vous retrouver pour vous compléter. Selon cette croyance, largement idéalisée et romancée :

- l'amour entre deux flammes jumelles est toujours passionnel et destructeur ;
- la seule issue est la séparation ;
- on ne peut pas être complet·ète sans sa flamme jumelle car on n'est qu'une moitié.
- Pour moi, les flammes jumelles existent, ce sont simplement des âmes sœurs liées exclusivement au cadre amoureux. Mais il n'est pas question de douleur, de peine terrible et de séparation inéluctable. Les flammes jumelles peuvent se retrouver et vivre ensemble la plus belle des histoires d'amour si elles sont assez évoluées sur leur chemin d'âme et prêtes à partir en voyage à deux, dans cette vie… et dans la prochaine.

Le mot de Shana

La notion de flammes jumelles doit être manipulée avec précaution, car elle peut vite servir de prétexte et d'excuse à des relations néfastes. En effet, j'ai eu malheureusement le loisir de voir des personnes continuer à nourrir des relations toxiques car elles pensaient à tort qu'elles étaient des flammes jumelles. Cela peut entretenir des situations négatives pour la personne et la faire passer à côté d'expériences et de rencontres magnifiques.

TIRAGE
des liens d'âm(e)our

Je te propose un petit tirage de cartes pour faire le point concernant tes relations (celles que tu entretiens avec les autres mais aussi celle que tu nourris vis-à-vis de toi-même).
Tu peux réaliser ce tirage avec un oracle* de ton choix ou un tarot.

NB : Tu peux utiliser mon Oracle de la voie astrale, *que tu retrouveras en librairie.*

Mélange tes cartes puis formule l'intention de recevoir des réponses claires, fluides et importantes pour ton évolution relationnelle, tire trois cartes et dispose-les en triangle (face cachée).
Je te conseille de prendre un carnet et un stylo pour noter tes observations et pouvoir les relire plus tard.

LA PREMIÈRE CARTE représente l'énergie d'une relation que tu entretiens actuellement avec une de tes âmes sœurs. Elle te fait part d'une solution ou t'indique un souci à prendre en compte pour fluidifier votre relation et améliorer la qualité de votre lien d'âmes.

* Oracle : jeu de cartes divinatoire à diverses thématiques. Le tirage se fait de manière intuitive ou selon les règles du livret d'accompagnement. L'utilisation d'un oracle ne nécessite pas de formation particulière, contrairement au tarot de Marseille, qui est un outil répondant à une pratique précise, tout comme l'astrologie.

LA DEUXIÈME CARTE représente l'amour que tu te portes à toi-même, la relation que tu entretiens avec ton cœur, ton âme, ainsi que la confiance que tu t'accordes. Elle t'indique si tu es sur le bon chemin ou si tu dois ajuster certaines choses pour ton épanouissement personnel.

LA TROISIÈME ET DERNIÈRE CARTE représente l'énergie de la prochaine relation qui va entrer dans ta vie. Cela peut être une relation de type amical, amoureux ou professionnel. Cette carte peut également indiquer un renouveau au sein d'une de tes relations actuelles, par exemple l'approfondissement d'un lien déjà présent, ou un chapitre qui se clôture et une page qui se tourne.

LA TECHNIQUE des bonshommes allumettes : couper les liens toxiques

Si jamais tu ressens le besoin de te libérer du lien que tu entretiens avec une de tes âmes sœurs, je te conseille d'utiliser la technique des bonshommes allumettes – de préférence lors d'une pleine Lune ou d'une Lune décroissante, qui t'apporteront les énergies de « nettoyage » nécessaires.

Cet exercice, mis au point par le thérapeute québécois Jacques Martel, peut aussi être réalisé avec une personne décédée ou une situation inconfortable (schéma répétitif) de laquelle tu aimerais te détacher.

Cette technique simple et très ludique est apaisante et t'apporte du bien-être en mobilisant ton subconscient afin que tu libères les émotions négatives et les attaches toxiques ; d'ailleurs, elle est régulièrement conseillée par psychologues et thérapeutes !

Le mot de Shana

Attention à ne pas confondre amour et attachement ! L'amour est un sentiment inconditionnel qui n'implique aucune attente, ni désir particulier, hormis la bienveillance, la douceur et l'envie de partage avec l'autre. Le sentiment d'attachement résulte d'un lien toxique qui fait surgir une envie de contrôler ou d'imposer ses exigences à l'autre. Cela suscite des émotions désagréables et parfois même ingérables qui créent une souffrance.

Ce dont tu as besoin :

- une feuille de papier
- une paire de ciseaux
- un stylo à bille
- sept crayons ou feutres de couleur (si tu le souhaites, pour les liens de chakras).

Installe-toi confortablement, dans une pièce calme, allume une bougie si tu le désires et pose la feuille de papier devant toi.

Dessine-toi comme un petit bonhomme allumette (croquis basique et très simple réalisé à partir de traits) : avec une tête, un nez, un sourire, deux bras, un corps et deux jambes. En dessous de ce premier bonhomme, écris ton prénom en toutes lettres et l'initiale de ton nom de famille.

Ensuite, dessine la deuxième personne (si c'est une situation ou un schéma karmique, dessine un grand rectangle) et écris le prénom de cette personne, ainsi que l'initiale de son nom de famille (si c'est une situation, écris le nom de la situation dont tu aimerais te défaire).

Trace un premier cercle de lumière (comme des traits de rayons de soleil) autour de ton bonhomme, puis un deuxième cercle de

PRÉNOMS & INITIALES

lumière autour de l'autre personne, en vous souhaitant ce qu'il y a de mieux l'un·e pour l'autre. Tu peux visualiser une lumière dorée qui vous entoure chacun.e et vous englobe dans un amour bienveillant.

Trace un troisième cercle de lumière qui vous entoure tou·te·s deux dans la même bulle. Tu n'es pas obligé·e de mettre une intention précise, hormis le fait de vous souhaiter le meilleur pour que l'équilibre revienne et que tout se passe au mieux pour chacun·e.

Lorsque c'est fait, dessine les lignes d'attachement conscientes et inconscientes en partant des sept centres énergétiques principaux (les chakras que nous avons vus ensemble dans la première partie de cet ouvrage) : tu dois tracer sept lignes qui représentent les sept chakras distincts (en couleur ou pas, selon ton envie).

Enfin, prends tes ciseaux et découpe la feuille en deux – afin d'avoir sur une moitié de la feuille ton bonhomme et, sur l'autre, l'autre bonhomme (ou la situation), comme si tu coupais de tes propres mains les liens toxiques qui vous relient. C'est la phase finale, à toi de voir ce que tu souhaites faire de ces morceaux de papier. Tu peux les brûler, les broyer, les déchirer, les enterrer ou encore les mettre à l'eau en récitant une phrase qui sera symbolique à tes yeux, telle que « Je nous souhaite d'être heureux·ses l'un·e et l'autre » ou « Je nettoie notre relation de tout lien karmique ou négatif à travers ce geste et je fais le serment de mettre en place quelque chose de constructif et bienveillant pour nous deux. »

NB : Les effets peuvent se percevoir immédiatement ou plus tard, selon la charge émotionnelle qui pesait sur toi – et sur vous.

CINQ POSTURES DE YOGA POUR RENFORCER LE COUPLE

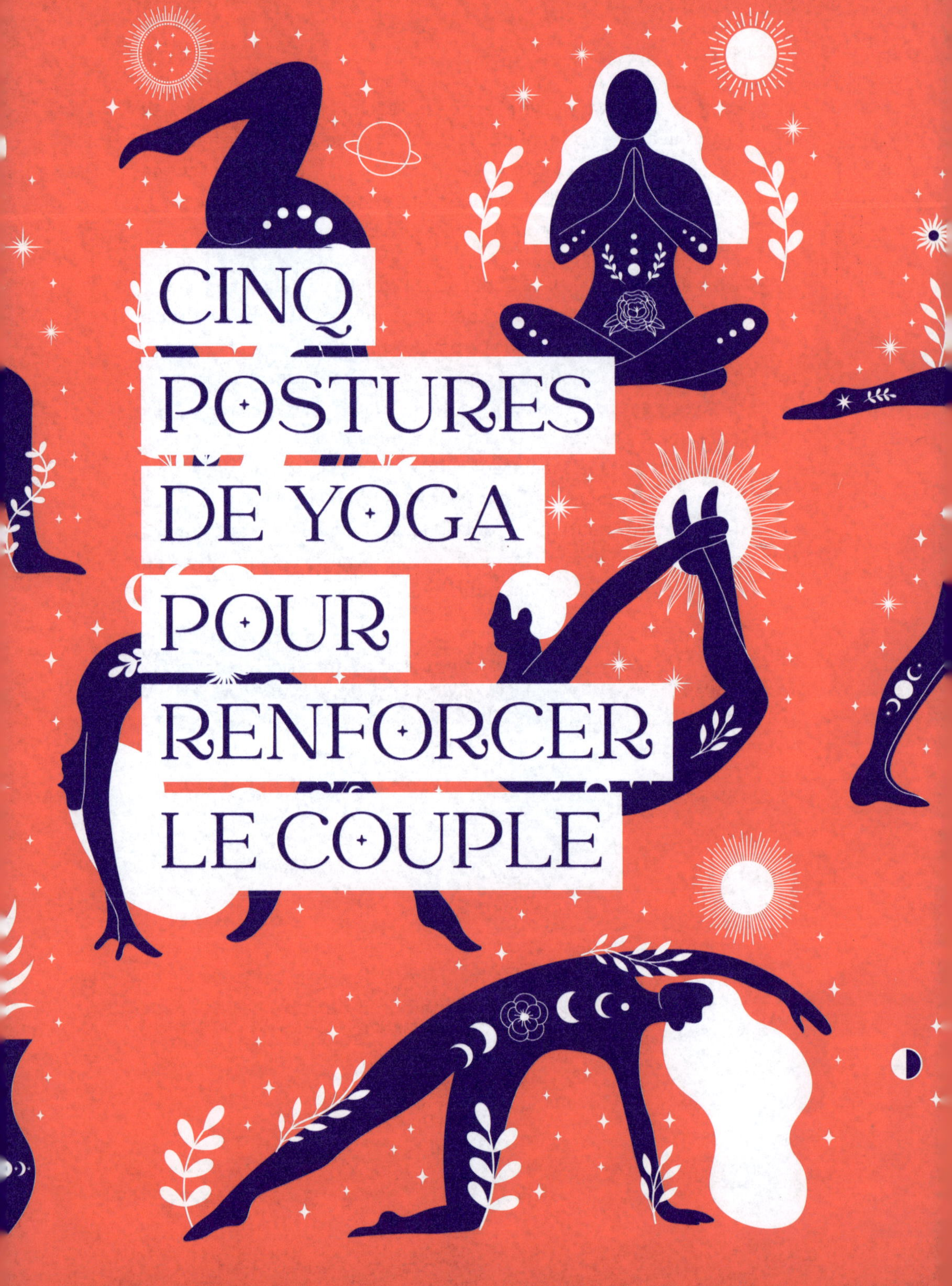

Voici cinq postures de yoga que tu peux réaliser en binôme avec ton·ta partenaire, et qui restent accessibles peu importe ton niveau (et le sien) en sport. Ces postures visent à rééquilibrer vos énergies pour qu'elles vibrent sur la même fréquence. Elles sont aussi une belle occasion de partager une activité ludique et agréable en duo pour favoriser la proximité physique et renforcer votre intimité. Oui, le yoga, ça rapproche !

Posture de la torsion

ou ARDHA MATSYENDRASANA

Assis·e·s, dos contre dos, inspirez à l'unisson et expirez en vous tournant chacun·e vers votre droite pour saisir le genou gauche de votre partenaire de la main droite, et votre genou droit de votre main gauche. Inspirez et expirez quatre à cinq fois, en gardant la colonne vertébrale bien droite et en étirant le cou et la tête à chaque inspiration. Refaites cet exercice du côté gauche, en saisissant le genou droit de votre partenaire de la main gauche. Vous pouvez le répéter des deux côtés à plusieurs reprises, si le cœur vous en dit. Ce genre de mouvement permet à l'oxygène de circuler convenablement entre vos côtes et contribue au bon fonctionnement de vos intestins. Communiquez pour que le mouvement soit fluide !

Double posture du bateau

ou PARIPURNA NAVASANA

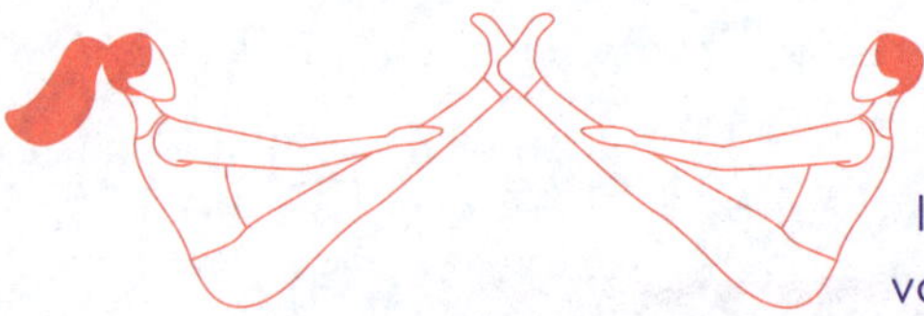

Assis·e·s, l'un·e face à l'autre, jambes pliées et pieds au sol, levez vos jambes pour venir poser vos plantes de pied contre celles de votre partenaire. Tendez les bras pour vous tenir les mains en veillant à conserver le contact entre vos plantes de pied. Dès que la position est ajustée et confortable, respirez profondément en vous regardant droit dans les yeux (souriez aussi, c'est toujours sympa !). Relâchez après cinq respirations et recommencez.

NB : Cette posture peut demander un peu plus de souplesse !

Posture du danseur

ou NATARAJASANA

Debout face à face aux deux extrémités du tapis, fléchissez une jambe (celle de votre choix), en gardant le pied bien fixe et ancré

dans le sol et levez l'autre jambe en arrière pour essayer d'attraper le pied qui se décolle du sol, tout en vous penchant vers l'avant. C'est une posture d'équilibre ; aussi, pour ne pas perdre pied (c'est le cas de le dire !), accrochez-vous à l'épaule de votre partenaire en regardant vers un point fixe et immobile. Cette posture travaille à la fois votre confiance en vous (capacité de se « porter soi-même ») et celle en votre partenaire : vous vous soutenez l'un·e l'autre.

Posture de la fente haute

ou UTTHITA ASHWA SANCHALANASANA

Mettez-vous chacun·e à une extrémité du tapis, en vous tournant le dos. Commencez par la posture du chien tête en bas* et sur l'inspiration, rapprochez votre genou droit de votre nez, pour poser ensuite le pied droit entre vos mains, dans la posture de la fente basse. Redressez-vous délicatement en transférant le poids de votre corps vers l'avant et étirez les bras vers le plafond tout en gardant le genou fléchi à 90 degrés (c'est-à-dire que le genou ne dépasse pas les orteils). Attrapez les mains de votre partenaire pour

* La posture du chien tête en bas ou adho mukha svanasana est une posture à quatre pattes où le bassin est relevé vers le ciel et la tête est dans le prolongement de la colonne vertébrale. Elle est réputée pour adoucir les maux de dos.

intensifier l'étirement. Respirez calmement, plusieurs fois, et recommencez l'exercice en fléchissant cette fois la jambe gauche.

Posture de l'arbre ou VRIKSHASANA

Voici une autre posture d'équilibre, plus douce (quoique tout aussi esthétique) que celle présentée plus haut. Cet exercice permet de travailler la concentration tout en renforçant les muscles. Démarrez l'un·e à côté de l'autre, vos pieds et vos hanches doivent être alignés. Soulevez tou·te·s deux le pied opposé à votre partenaire à l'inspiration, tout en levant les bras vers le plafond pour ouvrir la poitrine. Fixez un point immobile pour rester concentré·e·s. Vos hanches se touchent, mais pas vos pieds (car cela pourrait vous faire perdre l'équilibre). Posez le pied extérieur contre la racine de la cuisse opposée (ou le mollet, si c'est trop compliqué de lever le pied jusqu'en haut de la cuisse) et mettez en contact votre main extérieure avec la paume de votre partenaire, à la hauteur de la poitrine. Respirez profondément pendant quelques minutes et relâchez doucement la posture avant de la répéter en vous retournant pour changer de côté.

NB : Il y a tout un tas d'autres postures à réaliser en binôme : la posture du chien tête en bas, la posture de l'enfant ou encore celle du chiot, voire celle d'inversion sur la tête... À vous de voir si vous souhaitez expérimenter et vous lancer ce défi à deux !

SELF-LOVE TRACKING

J'évalue mes progrès, pas à pas

Voici un tableau qui te permettra de suivre tes progrès et de voir si tu te connais bien, si tu es en phase avec qui tu es et avec ce qui te rend unique. Cela te donnera la possibilité d'approfondir ta connexion avec ton for intérieur. N'hésite pas à le recopier pour l'utiliser chaque semaine !

ACTIVITÉS	L	M	M	J	V	S	D
Faire une détox digitale							
Lire							
Méditer							
Travailler mon thème astral							
Faire de la numérologie							
Nager							
Écouter un podcast							
Méditer							
Appeler quelqu'un que j'aime							
Passer du temps en amoureux·ses (ou entre ami·e·s)							
Faire une sieste							
Apprendre quelque chose de nouveau							
Regarder un film (ou une série, un documentaire)							
Pratiquer la visualisation							
....							
....							
....							

QUESTIONNAIRE : quand me suis-je réellement rencontré·e moi-même ?

Avant de clôturer cet ouvrage, je souhaitais te glisser un dernier rituel, ou plutôt un petit exercice ludique et drôle à faire ! Tu vas t'écrire, à toi-même, en t'appuyant sur une liste de questions surprenantes et déconcertantes que tu vas te poser comme si tu te rencontrais réellement pour la première fois.

Le but de cet exercice est de t'offrir l'occasion de poser un regard extérieur et (presque !) objectif sur toi-même ; n'hésite pas à relire ce questionnaire dans quelque temps, et à répondre à nouveau aux questions !

NB : Cet exercice est directement inspiré des carnets d'amitié qu'on remplissait durant notre enfance lorsqu'on allait dormir chez un·e copain·ine ! #90sGeneration

Mon prénom et mon nom : ....

Mon âge : ....

Ma taille : ....

La couleur de mes yeux et de mes cheveux : ....

Ma couleur favorite : ....

Mon·ma meilleur·e ami·e : ....

Trois choses que j'aime : ....

Trois choses que je déteste : ....

Mon premier rencard : ....

Mon meilleur souvenir : ....

Ma plus grande honte : ....

Ma citation favorite : ....

Mon plat favori : ....

Ma chanson favorite : ....

Mon statut amoureux : ....

Mes vacances favorites : ....

Ai-je des tatouages ou des piercings ? ....

Mon plus grand rêve d'enfant : ....

Mon style de fringues : ....

Mon film préféré : ....

Ma plus grande qualité : ....

Mon plus grand défaut : ....

Mon job de rêve : ....

Comment je me sens actuellement ? ....

Si je rencontrais Cupidon, que lui dirais-je ? ....

Si je devais me donner un conseil, lequel serait-ce ? ....

Un petit mot pour la fin ? ....

....

....

JE DEVIENS MA PROPRE BONNE ÉTOILE

À toi, belle âme qui tient ce sublime livre entre tes mains.

Ô toi, douce étincelle du Cosmos, descendant·e des dieux et déesses, centre de ton propre Univers, je te souhaite de tomber en amour avec toi-même. Je te souhaite d'embrasser la flamme de la passion, de te fondre dans l'immensité de tes rêves, de vivre des aventures que tu voudras partager en criant par-delà les montagnes, de connaître des histoires d'amour qui te briseront le cœur pour qu'il vibre mieux de bonheur par la suite. Touche le ciel pour ensuite t'effondrer jusqu'à en frôler le sol et te relever, mieux armée encore que précédemment.
Traverse chaque défi de la vie en étant bien accompagné·e, avant tout par toi-même, mais aussi par de belles âmes qui ne demandent qu'à cheminer avec toi, pour quelques heures, quelques mois ou de nombreuses années.
Aie confiance. Observe et accueille les synchronicités que tes guides et tes anges gardiens déposent çà et là, lors de moments clés de ton existence.
Fais face au Soleil qui brille à l'horizon et tourne-toi vers la Lune qui éclaire ton Ombre.
Épouse tes contradictions, tes conflits intérieurs et ton potentiel unique. Oui, sois ton·a meilleur·e partenaire, ta propre âme sœur, et laisse entrer qui voudra y apporter sa petite pierre précieuse,

pour mieux te compléter…
Ouvre-toi aux moments de joie, mais aussi aux aléas et aux tourments.
Maintenant, prends une grande inspiration et expire profondément.
Prends ton corps dans tes bras, masse-le, caresse-le, dis-lui que tu l'aimes.
Pose une main sur ta poitrine, à l'emplacement de ton cœur, et dis-toi que tu t'aimes.
Croise ton regard dans un miroir et dis-toi que tu te soutiens et te portes inconditionnellement.
Car tu mérites d'incarner ta propre bonne étoile.

Note à moi-même :

Mes sentiments sont valides
J'ai le droit de poser mes limites
Je n'ai pas besoin de l'approbation d'autrui
Je suis capable d'atteindre monts
et merveilles
Il n'y a pas de recette magique,
car j'incarne la magie

REMERCIEMENTS

Ah ! Par où commencer ?! À l'heure où j'écris ces mots, la Lune est en Scorpion, tout pile superposée à mon Soleil. Coïncidence ? Il y a bien longtemps que je n'y crois plus ! Haha.

Trêve de plaisanterie, en dehors de la Lune et des Astres, j'aimerais – bien évidemment – remercier chaque étoile qui rejoint le superbe club des Étoiles, qui scintille davantage, jour après jour, grâce à votre enthousiasme, vos bonnes ondes, votre bienveillance et votre curiosité grandissante envers toutes les belles disciplines spirituelles que j'aime tant vous enseigner au quotidien : astrologie, lithothérapie, numérologie, méditation… et j'en passe !

Rien n'est plus précieux à mes yeux que la flamme qui s'allume en chacun·e de vous lorsque nous échangeons autour de ces thématiques ; cette belle flamme qui vous permet de vous auto-guérir, de mieux comprendre les mystères de votre quotidien et de vous aligner davantage avec qui vous êtes réellement.

Je tiens à remercier mes propres blessures (antérieures, karmiques ou encore transgénérationnelles) sans lesquelles tout ce chemin « initiatique » n'aurait pas été possible ! Il n'y a pas de hasard dans la vie, et tous ces petits bonheurs qui éclosent dans mon quotidien, comme des petites briques qui construisent ma maison intérieure, me le rappellent bien.

L'écriture de ce livre a tout simplement été cathartique pour moi !

Un merci tout particulier à Sophie, mon éditrice, sans qui toute cette aventure éditoriale n'aurait pas vu le jour et sans qui ce livre ne ressemblerait pas du tout à ce qu'il est, au final ! Je me suis arraché les cheveux et j'ai dû repousser plus d'une de mes limites pour réussir à écrire certains passages de cet ouvrage, qui étaient cathartiques pour moi-même, mais je ne le regrette vraiment pas : ce livre risque d'être mon favori !

Merci, à nouveau – je ne cesserai jamais de vous le dire ! – à mes âmes sœurs présentes avec moi dans cette vie : Kelly, Luana, Florence, Orosca, Rosalie, Chanel et (plus récemment) Savannah, qui ne cessent de me booster au quotidien dans l'entreprise de tous mes projets. Merci aussi à ma famille et à ma belle-famille, qui mangent de l'astrologie à presque chaque dîner à cause de moi !

Enfin, merci à mon amour, de cette vie et d'une autre, Vincent, qui me soutient inconditionnellement et que j'aime tant voir évoluer, en retour. Je dois vraiment le redire… ? OK, je t'aime. Ah, et embrasse Loki de ma part, *aka* le meilleur des assistants à quatre pattes !

À bientôt, pour de nouvelles aventures étoilées !

SHANA

MON JOURNAL DE BORD SUR LE CHEMIN DE L'AM(E)OUR

L'AMOUR DU CORPS

	MOI	MON·A PARTENAIRE
Signe solaire		
Ascendant		
Vénus		
Mars		
Maison 8		

J'explore l'énergie DE MES CHAKRAS

- Quelle est ma couleur favorite ?..
- À quel chakra se réfère-t-elle ? ....
- Qu'est-ce que cela évoque en moi ?..
....
- Le ou les chakra(s) que je souhaite travailler :
  - » chakra racine : je prévois de ....
  - » chakra sacré : je prévois de ....
  - » chakra du plexus solaire : je prévois de ....
  - » chakra du cœur : je prévois de ....
  - » chakra de la gorge : je prévois de ....

» chakra du 3e œil : je prévois de ....

» chakra de la couronne : je prévois de ....

Le point LITHOTHÉRAPIE

- La dernière pierre pour laquelle j'ai craqué : ....
  - Ses vertus : ....
    ....
    Ce que cela indique sur ma situation actuelle : ....
    ....

- Comment est-ce que je souhaite l'utiliser ?
  - En la portant quotidiennement sur moi
  - En la posant dans une pièce spécifique
  - En la portant lors d'une activité sportive
  - En décorant mon autel avec cette pierre
  - En faisant un rituel de Lune

Je travaille l'énergie DE MON SIGNE ASTROLOGIQUE

- Quels sont les points forts que j'apprécie dans mon signe solaire ? ....
  ....

- Quels sont les points faibles que j'aimerais travailler ? ....
  ....

- Si j'étais né·e sous un autre signe astrologique, lequel choisirais-je ? Pourquoi ?..

....

- Quel est le signe astrologique avec lequel je m'entends le moins ? Pourquoi ?..

....

- Quelles actions vais-je mettre en place pour faire rayonner mon Soleil ?
  » Faire une liste de gratitudes » Me lancer des défis hebdomadaires » Écrire une lettre dans laquelle je détaille tout ce que j'aime chez moi » Faire un travail sur l'acceptation de mes points faibles » Mettre en avant mes qualités à travers des activités qui me font du bien » Autre (préciser) ....

Ma pratique
SPORTIVE

- Combien de fois par semaine est-ce que je fais du sport ?

....

- Quel type de sport est-ce que je préfère ?
  » Course » Yoga » Musculation » Marche » Tennis » Natation » Volley-ball » Autre (préciser).........................

- Aimerais-je intégrer une autre activité dans mon quotidien ? Si oui, laquelle ? ....

L'AMOUR DU CŒUR

	MOI	MON·A PARTENAIRE
Lune		
Lilith		
Chiron		
Junon		
Cérès		

Ma relation

AU CYCLE LUNAIRE

- Pendant la nouvelle Lune, je me sens ....
- Pendant la Lune croissante, je me sens ....
- Pendant la pleine Lune, je me sens ....
- Pendant la Lune décroissante, je me sens ....
- Lorsque la Lune est en Bélier, je me sens ....
- Lorsque la Lune est en Taureau, je me sens ....
- Lorsque la Lune est en Gémeaux, je me sens ....
- Lorsque la Lune est en Cancer, je me sens ....
- Lorsque la Lune est en Lion, je me sens ....
- Lorsque la Lune est en Vierge, je me sens ....
- Lorsque la Lune est en Balance, je me sens ....
- Lorsque la Lune est en Scorpion, je me sens ....

- Lorsque la Lune est en Sagittaire, je me sens ....
- Lorsque la Lune est en Capricorne, je me sens ....
- Lorsque la Lune est en Verseau, je me sens ....
- Lorsque la Lune est en Poissons, je me sens ....

Je travaille l'énergie DE MON SIGNE LUNAIRE

- Quels sont les points forts que j'apprécie dans mon signe lunaire ? ....

....

- Quels sont les points faibles que j'aimerais travailler ? ....

....

- Quelle est la Lune qui m'inspire le plus (les valeurs que j'apprécie, sa mentalité, sa manière d'exprimer ses émotions, etc.) ? Pourquoi ? ....

....

- Quelles bonnes habitudes vais-je mettre en place pour faire resplendir ma Lune ?
  » Écouter davantage mon cœur lorsque je prends une décision » Faire confiance à mon intuition » M'accorder des temps de pause pour intégrer mes émotions au quotidien » Observer les phases de la Lune » Prendre le temps de faire des activités créatives et artistiques lors de mon temps de repos » Autre (préciser) ....

J'observe mon
CYCLE MENSTRUEL

Durée du cycle observé : ...... jours

	PHASE DE LA LUNE	SIGNE ZODIACAL	NOMBRE DE JOURS	JE ME SENS
Période menstruelle				
Période pré-ovulatoire				
Période ovulatoire				
Période prémenstruelle				

L'AMOUR DE L'ÂME

	MOI	MON·A PARTENAIRE
Mercure		
Uranus		

Neptune		
Pluton		
Vesta		

Notre thème composite :

	SIGNES	MAISONS
Soleil		
Ascendant		
Lune		
Mercure		
Vénus		
Mars		
Jupiter		
Saturne		
Uranus		
Neptune		
Pluton		
Chiron		
Lune noire		

- Qu'est-ce qui me fait sourire sur ce thème : ....
....

- Quel est le signe qui revient le plus souvent ? ....

- Quelle est la maison qui accueille le plus d'éléments ? ....

- Qu'est-ce qui me tracasse ? Pourquoi ? ....
....

- Quel est le point fort de mon couple ?
(Selon l'astrologie et/ou selon moi.) ....
....

Je communique
AVEC MON ÂME

- Si je devais écrire un mot d'amour à mon âme, au regard de ma vie et de toutes les expériences que j'ai accumulées :
  - » Chère Âme,

J'étudie mon chemin
DE VIE

- En quelle année personnelle suis-je actuellement (numérologie) ?
- Qu'est-ce que cela indique concernant mes projets/bonnes résolutions de cette année ?
- Quel est mon objectif principal concernant ma situation amoureuse actuelle ?
- Quelles sont les pensées limitantes que j'aimerais définitivement abandonner et laisser derrière moi ? (À

explorer lors d'une phase de pleine Lune.)

» Peur de ne pas être à la hauteur, syndrome de l'imposteur
» Peur de mal gérer mes finances
» Ne pas pouvoir m'accorder de pause tant que mon travail n'est pas achevé
» Devoir attendre l'aval des membres de ma famille pour lancer un projet qui me tient à cœur ....

....

- Quel est mon mantra du moment ? ....

....

J'analyse mes langages

DE L'AMOUR

- Quel est mon langage de l'amour principal ? ....

....

- Quels sont les autres langages que j'utilise ? Dans quelles circonstances ou avec qui ? ....

....

....

....

Communication

- Quel est le dernier conflit relationnel que j'ai vécu ? ....

....

....

....

- Comment puis-je améliorer cela pour être en paix avec cette situation ?

- Que voudrais-je dire aux gens que j'aime, mais à qui je n'ai jamais osé l'avouer ?

- Un dernier mot pour la fin à m'adresser ? #SelfLove